Deutsch-dänischer Radwanderführer
Nord-Ostsee-Radweg
Grenzroute

Tysk-dansk Cykelguide
Nordsø-Østersø Ruten
Grænseruten

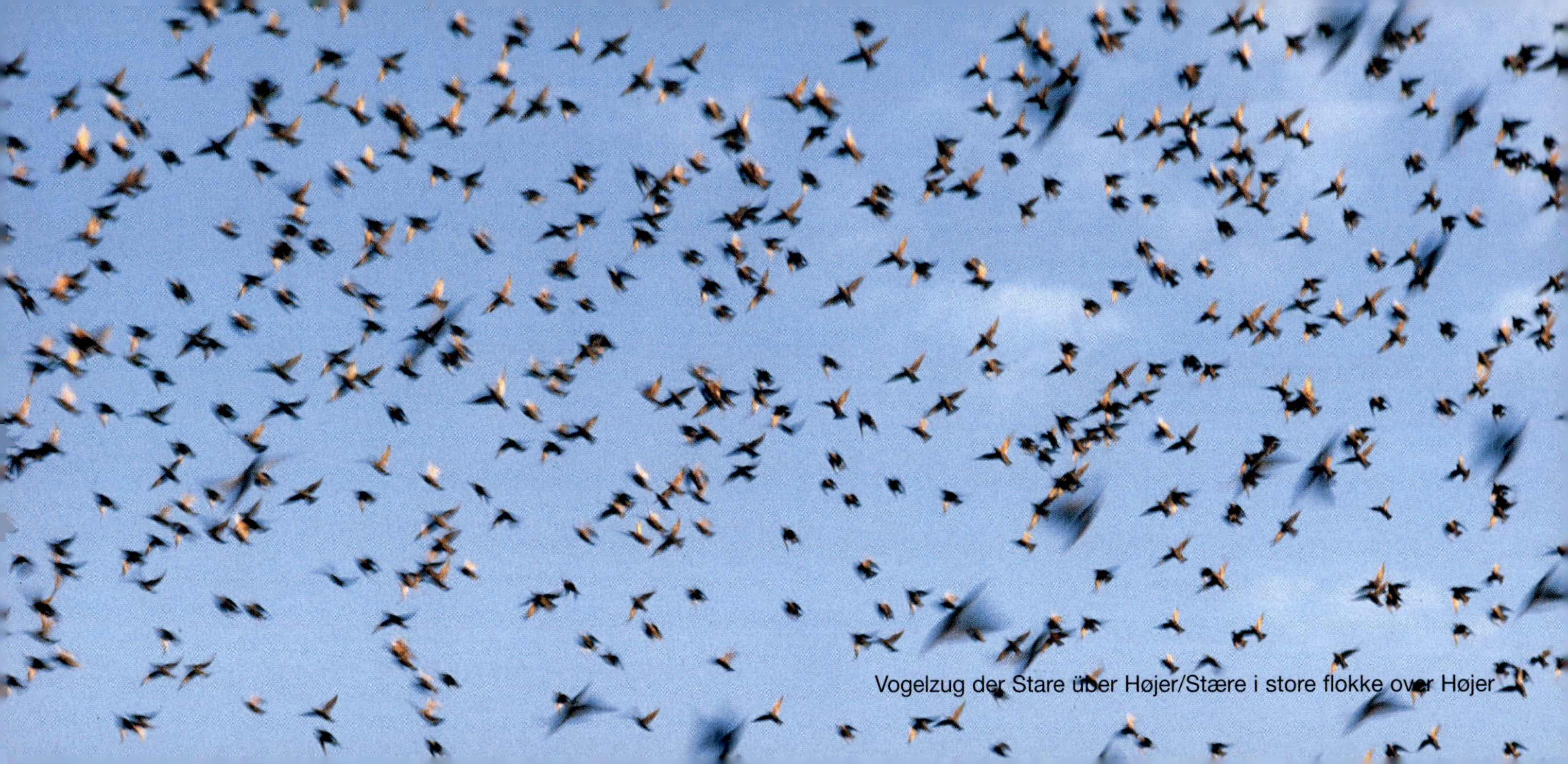

Vogelzug der Stare über Højer/Stære i store flokke over Højer

Horst-Dieter Landeck

Deutsch-dänischer Radwanderführer
Nord-Ostsee-Radweg
Grenzroute

Tysk-dansk Cykelguide
Nordsø-Østersø Ruten
Grænseruten

BOYENS

BOYENS
BUCHVERLAG

ISBN 978-3-8042-1243-5

Fotos: Horst-Dieter Landeck, Gorm Casper, „Archiv“,
Aabenraa, Kommune, Archiv A. E. Hansen
Text: Horst-Dieter Landeck, Gorm Casper
Gestaltung: Horst-Dieter Landeck

Ins Dänische übersetzt von Gudrun Martensen

Inhalt

Indholdsfortegnelse

Vorwort

Dieser Radführer verbindet Nord-Ostsee-Radweg und Grenzroute zu einer Rundtour von etwa 200 km Länge. Der Nord-Ostsee-Radweg und die Grenzroute bieten zudem ideale Verbindungen zu den beliebten Radfernwegen dieser Region: zum Ostseeküsten-Radweg, Ochsenweg, Nordseeküsten-Radweg, dänischen Ostsee-Radweg und der dänischen Nationalroute 8. Damit ergeben sich zahlreiche Kombinationsmöglichkeiten, die Radtouren nach Belieben auszudehnen.

Zwischen Flensburg an der Ostseeförde und der Wiedau-Schleuse bei Højer an der Nordsee bietet die Rundtour auf dem Nord-Ostsee-Radweg und der Grenzroute manche Highlights in Natur, Kultur und Historie. Auch auf Sehenswertes in der Nähe der Hauptroute wird hingewiesen.

Entsprechend der vorherrschenden westlichen Windrichtung ist die Tour so beschrieben, dass Sie auf dem Nord-Ostsee-Radweg, der „Expressroute“ nach Westen fahren und auf der etwa doppelt so langen Grenzroute, mit dem Wind im Rücken, von West nach Ost radeln. Sie starten in Flensburg mit seinem Hafen, den sehenswerten Kaufmannshöfen und Museen. Der Nord-Ostsee-Radweg führt Sie u. a. durch das eiszeitliche Niehuuser Tunneltal, zu der KZ-Gedenk-

Forord

Denne cykelguide forbinder Nordsø-Østersø Ruten og Grænseruten til en rundtur på omtrent 200 km længde. Nordsø-Østersø-Ruten og Grænseruten danner den perfekte forbindelse til de populære cykelfjernveje i denne region: Østersø-Ruten, Hærvejen, Nordsø-Ruten, den danske Østersø-Rute og den danske Nationalroute 8. Dermed bydes på talrige kombinationsmuligheder at udvide cykelturene efter lyst og behov. Mellem Flensborg ved Østersøfjorden og Vidåslusen ved Højer på Nordsøkysten, byder rundturen på Nordsø-Østersø Ruten og Grænseruten på adskillige seværdigheder i natur, kultur og historie. Der henvises ligeledes til seværdighederne i hovedrutens nærhed.

Tilsvarende den dominerende vestenvind er denne cykeltur beskrevet sådan, at Du på Nordsø-Østersø Ruten, på “Expressrouten”, kører mod vest og på den dobbelt så lange Grænserute cykler med vinden i ryggen mod øst. Man starter i Flensborg med havnen, de seværdige købmandsgårde og museer. Nordsø-Østersø Ruten fører gennem den af istiden dannede Niehuuser Tunneltal, til KZ-Gedenk- und Begegnungsstätte i Ladelund, til indlandsklitterne ved Süderlügum, til Noldemuseet i Seebüll og til fugleparadiset i Rickelsbüller Koog. På turen tilbage fra Nordsøen til Flensborg, cykler

und Begegnungsstätte in Ladelund, den Binnendünen von Süderlügum, dem Nolde-Museum in Seebüll und zum Vogelparadies in den Rickelsbüller Koog.

Auf der Fahrt von der Nordsee zurück nach Flensburg radeln Sie auf der Grenzroute, die als Themenradweg zur Kulturhistorie der deutsch-dänischen Grenze angelegt ist.

Entstanden 1920 durch eine Volksabstimmung, prägte die Grenze über 80 Jahre lang eine ganze Region – bis zum Inkrafttreten des Schengener Abkommens. Ab März 2001 begann die Grenze langsam unsichtbar zu werden.

Auf der Grenzroute überqueren Sie an 13 Stellen den historischen Grenzverlauf. Sie radeln z. B. über Dänemarks schönste Dorfstraße zum Schloss in Møgeltønder. In Tønder, der „Hauptstadt“ der Marsch mit seinen herrlichen Patrizierhäusern, sollten Sie einen Besuch des Museums im Wasserturm nicht verpassen. Der Weg führt Sie durch die Weite der Marsch, die Heide der Geest, durch kleine schmucke Dörfer und das Frösleelager mit seinen Museen. Sie radeln durch das Tunneltal der Kruså, vorbei am historischen Industriemuseum der Kupfer- und Messingwerke in Kupfermühle, folgen dem Weg dicht am Fördeufer entlang, kommen in Flensburg am Museumshafen vorbei und erreichen wieder die Hafenspitze.

Du på Grænseruten, der er anlagt som temarute til den dansk-tyske grænses kulturhistorie.

Opstået gennem en folkeafstemning i 1920, prægede grænsen i over 80 år en hel region – indtil ikrafttræden af Schengen-traktaten. Langsomt begyndte grænsen i marts 2001 at blive usynligt.

På Grænseruten krydser man på 13 steder det historiske grænseforløb. Du cykler f.eks. på Danmarks skønneste landsbyvej til slottet i Møgeltønder. I Tønder, marskens hovedstad, med sine dejlige patricierhuse, må Du ikke gå glip af et besøg på museet i vandtårnet. Vejen fører Dig gennem vidden i marsken, den tørre og sandede hede, gennem små skønne landsbyer og Frøslevlejren med sine museer. Du cykler gennem Kruså's tunneldal, forbi det historiske industrimuseum på Kupfer- und Messingwerke i Kupfermühle, følger vejen tæt langs fjordens strandbred, kommer forbi i Flensburg ved museumshavnen og når frem igen ved fjordens havnespids.

Reisehinweise

Mit dem Fahrrad: Grenzroute und Nord-Ostsee-Radweg sind mit den beliebten Fernradwegen Nordseeküstenradweg, Ochsenweg, Ostseeküstenradweg und dem dänischen Ostseeradweg verbunden. Hier bieten sich ideale Kombinationsmöglichkeiten für längere Rundtouren.

Mit dem Pkw: Ins Grenzland gelangen Sie über die A7/E45 Richtung Flensburg und über die B5 Richtung Niebüll/Süderlügum. Parkmöglichkeiten sind in den Routenkarten eingezeichnet. Ein sicherer Langzeitparkplatz befindet sich in Padborg.

Mit der Bahn: Bahnhöfe in Routennähe befinden sich in Klanxbüll, Tønder, Süderlügum, Tinglev, Padborg und Flensburg. Die Fahrradbeförderung ist in Zügen in den dafür ausgewiesenen Abteilen möglich, soweit das Platzangebot es zulässt. Mehr Info: Deutsche Bahn (DB), 0 180 515 14 15, Dänische Staatsbahn (DSB), +45 7013 1415.

Regionalbusse nehmen in begrenztem Umfang Fahrräder mit. Mehr Info: Sydtrafik (Tel. +45 7010 4410, www.sydtrafik.dk) oder Mobizentrale (Tel. 0461-505 91 07, www.mobizentrale.de).

Rejsetips

På cykel: Grænseruten og Nordsø-Østersø Ruten er forbundet med de eftertragtede cykelruter Nordsøruten, Hærvejen, den tyske og den danske Østersørute. Dette giver ideelle kombinationsmuligheder for længere cykelture.

I bil: ad motorvejen A7/E45 mod Flensburg og ad B5 mod Niebüll/Süderlügum kommer Du til Grænselandet.
Parkeringspladser er indtegnet på rutekortet, og der findes i Padborg en sikker langtidsparkering.

Med tog: Banegårde med forbindelse til cykelruterne findes i: Klanxbüll, Tønder, Süderlügum, Tinglev, Padborg og Flensburg. Cykelbefordring sker i tog med ekstra cykelafdeling, så længe der haves plads. Yderligere information fås: Deutsche Bahn (DB), 0 180 515 14 15, Danske Statsbaner (DSB), plus45 7013 1415.

Regionalbusser i Danmark medtager i nogle tilfælde cykler, kontakt venligst Sydtrafik (tlf. plus 45 7010 4410, www.sydtrafik.dk) eller Mobizentrale (Tel. plus 49 461-505 91 07, www.mobizentrale.de)

Verkehrshinweise

Die Grenzroute und der Nord-Ostsee-Radweg sind grenzüberschreitende Radwanderwege. Daher sind einige Besonderheiten zu bedenken:

Ausschilderung

Die Wegweiser unterscheiden sich in Deutschland und Dänemark. Die Routen sind in beiden Ländern mit Routenlogos markiert. Diese Logos tauchen in Deutschland aber nur an „Knotenpunkten" auf, nicht jedoch auf den häufigen Zwischenwegweisern, die an fast jeder kleinen Abzweigung stehen! Hier folgen Sie bitte immer dem grünen Fahrrad auf weißem Grund.

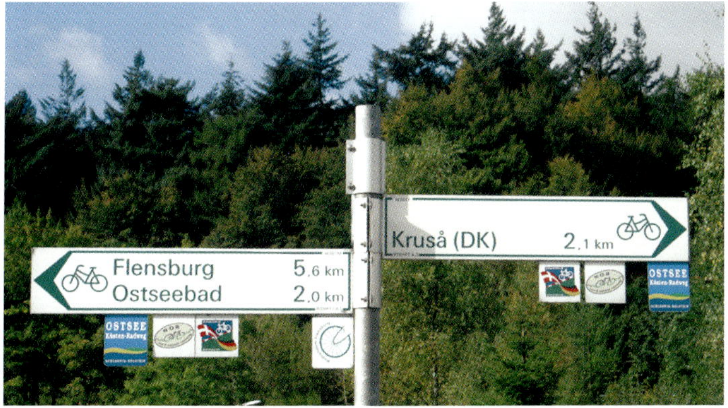

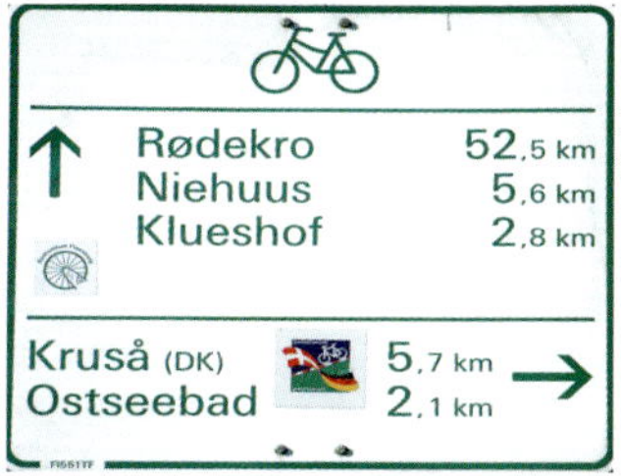

Radwegweiser auf deutscher Seite

Vejviserskilte i Tyskland

Trafiktips

Grænseruten og Nordsø-Østersø Ruten er grænse-overskridende cykelruter. Følgende særlige forhold bør der væres opmærksom på:

Skiltning

Danske og tyske vejvisere er forskellige. Ruterne er i begge lande markeret med ruternes eget logo. I Tyskland ser Du logoerne kun ved alle knudepunkter, dog ikke på de mange små vejviserskilte undervejs på ruten. Her bedes Du følge en grøn cykel på hvid baggrund.

Dänemark haben Grenzroute und Nord-Ostseeweg eigene blaue Schilder mit dem jeweiligen Routenlogo. Diese stehen aber nur bei Richtungsänderungen des Routenverlaufs am Straßenrand.
Ansonsten folgen die Routen dem Straßenverlauf – ganz ohne Schilder.

Verkehrsregeln

Es gibt einen wichtigen Unterschied: Während man sich in Deutschland beim Linksabbiegen zur Fahrbahnmitte hin einordnet, ist dies in Dänemark verboten: hier werden Kreuzungen zuerst am rechten Fahrbahnrand überquert, um nach Passieren des übrigen Verkehrs links abzubiegen. Sie sollten sich an diese Regel halten, denn in Dänemark sind Bußgelder sehr üppig. Dies gilt auch für Defekte an Bremsen, Reflektoren und Lichtanlage. Fast alles kostet pauschal 1000 Dkr. Und: Pass bzw. Ausweis nicht vergessen!

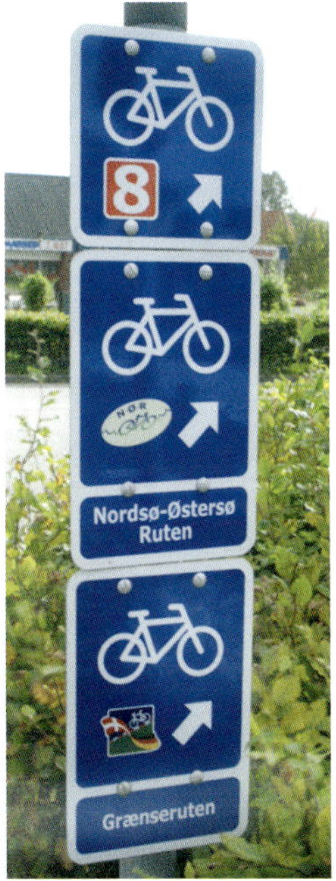

Radwegweiser auf dänischer Seite

I Danmark har Grænseruten og Nordsø-Østersø Ruten deres egne blå skilte med tilsvarende logo. De to ruters logo dukker udelukkende op, når ruten ændrer retning. Derudover følger ruterne vejen – uden yderligere skiltning.

Trafikregler

Der findes en stor forskel ved venstresving: Mens cyklisten i Tyskland skal køre ud til midten i kørebanen og placere sig i højre side af venstresvingsbanen, er dette forbudt i Danmark: Her skal Du holde dig i højre side af kørebanen og køre over krydset og først, når den øvrige trafik har passeret, kan du svinge til venstre. Reglen bør overholdes, da bøderne er høje i Danmark. Det samme gælder defekte bremser, reflekser og lys. Næsten alt koster 1000,- danske kroner. Og HUSK passet.

Vejviserskilte i Danmark

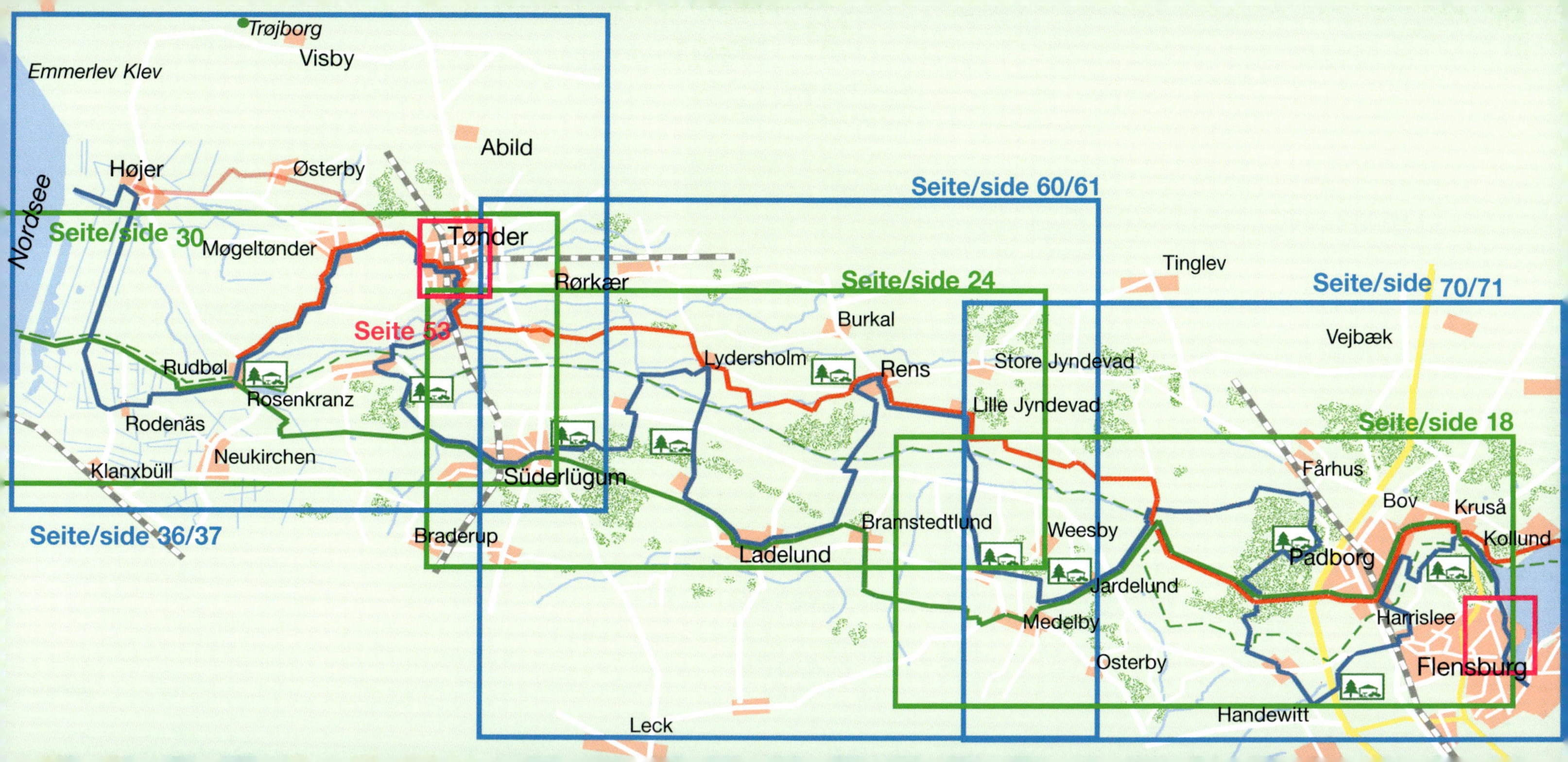

Trøjborg
Visby
Emmerlev Klev
Abild
Højer
Østerby
Nordsee
Seite/side 60/61
Seite/side 30
Møgeltønder
Tønder
Rørkær
Tinglev
Seite/side 24
Seite/side 70/71
Burkal
Seite 53
Vejbæk
Lydersholm
Rens
Store Jyndevad
Rudbøl
Rosenkranz
Lille Jyndevad
Seite/side 18
Rodenäs
Neukirchen
Klanxbüll
Süderlügum
Fårhus
Bov
Kruså
Seite/side 36/37
Braderup
Bramstedtlund
Weesby
Kollund
Ladelund
Padborg
Jardelund
Medelby
Harrislee
Osterby
Flensburg
Leck
Handewitt

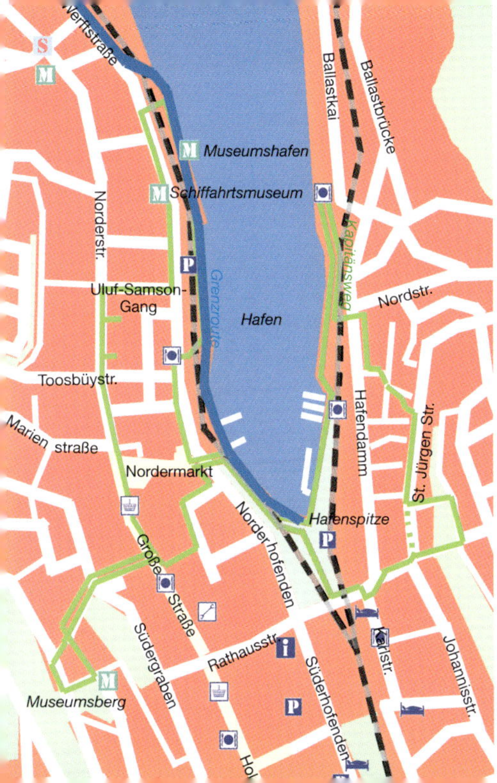
Werftstraße
Museumshafen
Schiffahrtsmuseum
Ballastkai
Ballastbrücke
Norderstr.
Uluf-Samson-Gang
Grenzroute
Hafen
Kapitänsweg
Nordstr.
Toosbüystr.
Marien straße
Nordermarkt
Hafendamm
St. Jürgen Str.
Hafenspitze
Norderhofenden
Große Straße
Rathausstr.
Südergraben
Süderhofenden
Karlstr.
Johannisstr.
Museumsberg

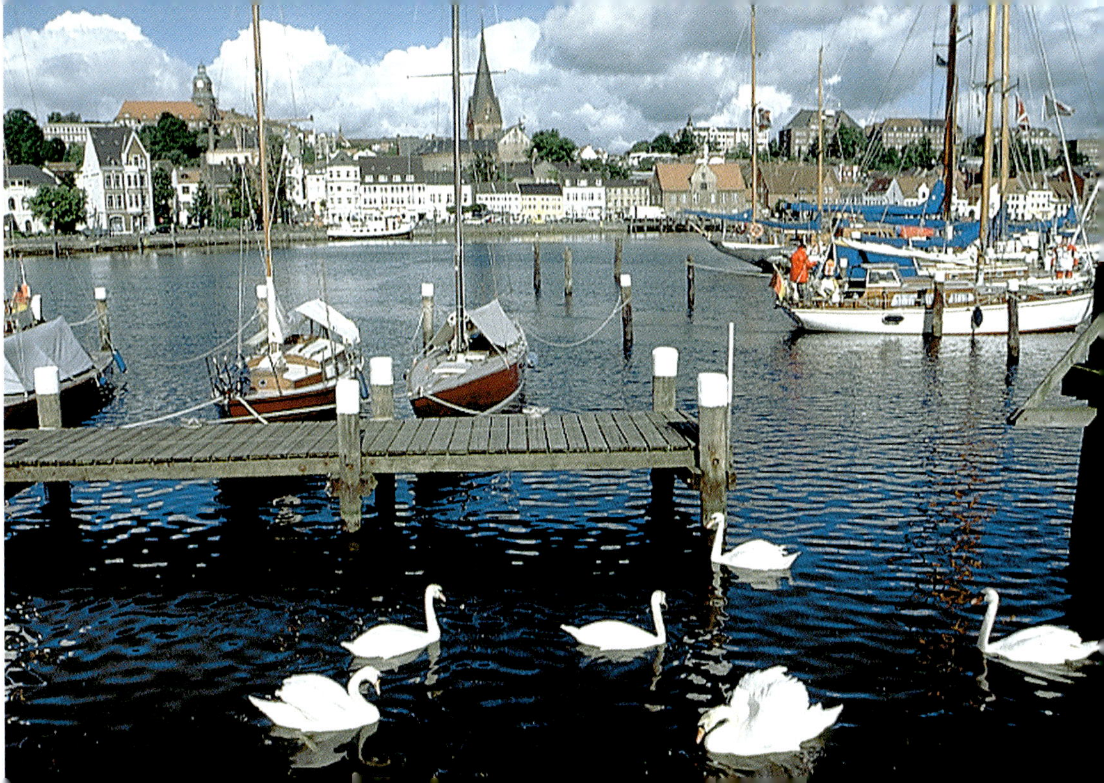

Flensburg

Wer das erste Mal hierher kommt, ist überrascht von dem faszinierenden Hafenpanorama mit seinen steilen Fördehängen. Die maritime Atmosphäre und historische Bausubstanz der traditionsreichen Seehandelsstadt, die bereits 1284 das Stadtrecht erhielt, setzt sich entlang der beschaulichen „Shoppingmeile" im Herzen der Stadt fort: Man entdeckt hinter den hübschen Fassaden immer wieder malerische **Kaufmannshöfe** mit alten **Speichern**. Diese stammen zum Teil aus den Zeiten der „Westindienfahrt": Die Flensburger Flotte zählte einst fast 300 Schiffe, auf denen Ende des 18. Jahrhunderts aus der Karibik Rohrzucker, Tabak und Rum als Halbfabrikate nach Flensburg kamen, um hier weiterverarbeitet zu werden. Diesen Teil der (Rum)-Stadtgeschichte erlebt man im **Schifffahrtsmuseum** am **Museumshafen**,

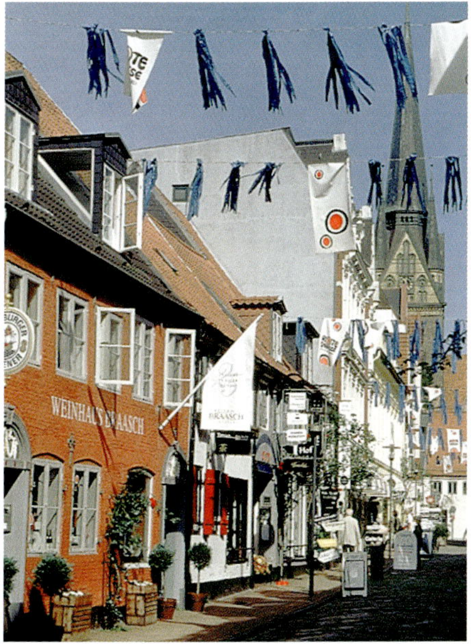

Rote Straße

Flensborg

Besøger man byen for første gang, overraskes man af dets fascinerende havnepanorama med de stejle kyststrækninger.
Den maritime atmosfære og de mange historiske bygninger i den traditionsrige søhandelsby Flensborg, der så tidligt som 1284 fik købstadsrettigheder, præger også den indre bys behagelige indkøbsstrøg; bag de mange smukke facader dukker smukke **købmandsgårde** og gamle **pakhuse** op. Disse stammer til dels helt tilbage fra Vestindientiden: dengang talte Flensborgs handelsflåde næsten 300 skibe, som i slutningen af det 18. århundrede bragte rørsukker, tobak og rom som halvfabrikata fra Vestindien til Flensborg, hvor de blev videreforarbejdet.
Denne del af (rom-)byens historie kan du opleve i **Søfartsmuseet** ved **Museumshavnen**, hvor man også kan besøge museumsskibene.
Højt over byen på Museumsberg troner bymuseet, som på et 3000 kvadratmeter udstillingsareal giver

wo auch Museumsschiffe zu bestaunen sind. Hoch über der Stadt auf dem **Museumsberg** thront das **Städtische Museum**, das in zwei repräsentativen Gebäuden auf 3000 qm Ausstellungsfläche einen umfassenden Einblick in die Kunst- und Kulturgeschichte im Landesteil Schleswig vom 13. bis zum 20. Jahrhundert gibt.

Neben Flensburgs sehenswertem Wahrzeichen, dem **Nordertor** von 1595, bietet das spannende Experimentiermuseum **Phänomenta** eine interaktive Präsentation naturwissenschaftlicher und technischer Phänomene – ein Umwelterlebnis mit allen Sinnen.
Bei einem Stadtrundgang auf dem ausgeschilderten „**Kapitänsweg**“ durch die hübschen Gassen und Gänge bemerkt man den dänischen Charme dieser beschaulichen Viertel, nicht nur wegen manch gehisstem Danebrog, der dänischen Nationalflagge.

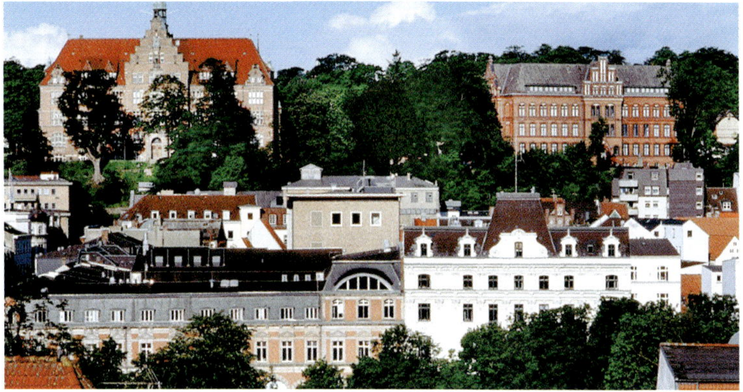

Museumsberg

et grundigt indblik i landsdelen Slesvigs kunst- og kulturhistorie i perioden fra det 13. til det 20. århundrede.

Ved Flensborgs seværdige vartegn, **Nordertor** (Nørreport) fra 1595, byder eksperimentariet **Phænomenta** på interaktiv præsentation af naturvidenskabelige og tekniske fænomener – en spændende oplevelse af omverdenen for alle sanser.
Tager man turen til fods gennem de nydelige gader og gyder langs den afmærkede rundtur “**Kaptajnsturen**”, oplever man kvarterenes danske charme, ikke kun på grund af de mange hejste Danebrogsflag.

Flensburg wurde immerhin 400 Jahre – bis 1864 von der dänischen Krone regiert

Die Gesetze für die Bürger der Stadt kamen aus Kopenhagen. Auch die Blüte des See- und Rumhandels war insbesondere Dänemarks Neutralität und den Handelsbeziehungen nach Dänisch-Westindien zu verdanken. Außerdem importierten die Kaufleute Flensburgs Waren für den dänischen Markt.

Diese Verbindungen nach Norden bewirkten in der Stadt eine loyale Stimmung gegenüber dem dänischen Staat. Zwar dominierte schon seit dem 15. Jh. die deutsche Sprache in Flensburg, aber dies war für die Menschen damals kein Widerspruch. Erst im 19. Jh. fand eine verstärkte Annäherung an Holstein statt.

Nach der dänischen Niederlage im Krieg 1864 wurde die deutsch-dänische Grenze nach Norden an die Königsau verlegt. Flensburg gehörte nun zu Preußen und ab 1871 zum deutschen Reich. Bei der Volksabstimmung zur nationalen Zugehörigkeit im

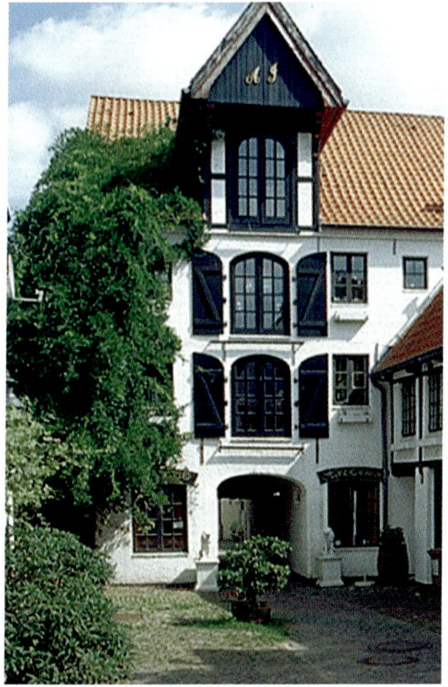

Kaufmannshof
Købmandsgård

Flensborg hørte immervæk 400 år frem til 1864 under den danske krone

Borgerne levede efter Københavns love og regler. Også byens sø- og romhandels blomstringstid var båret frem af Danmarks neutralitet og af de dansk-vestindiske handelsforbindelser. Desuden importerede Flensborgs købmænd også varer til det danske marked.

Forbindelserne mod nord bevirkede, at der i byen opstod en loyal holdning til den danske stat. Godt nok dominerede det tyske sprog Flensborg frem fra det 15. århundrede, men det så befolkningen ikke noget modsætningsforhold i. Først i det 19. århundrede vendte befolkningen sig mere mod Holsten.

Efter det danske nederlag i krigen 1864 blev den dansk-tyske grænse rykket mod nord til Kongeåen. Flensborg hørte nu til Preussen og fra 1871 til det tyske kejserrige. Ved folkeafstemningen om det nationale tilhørsforhold i

Jahre 1920 stimmten schließlich 75 % der Flensburger für Deutschland. Die dänische Minderheit organisierte sich nun mit einem dichten Netz aus Vereinen und Institutionen, das nach 1945, als viele Bürger lieber dänisch als deutsch sein wollten, noch engmaschiger wurde. Heute kann man etwas mehr als 20 % von Flensburgs Bevölkerung der dänischen Minderheit zurechnen, die hier mit eigenen Schulen, Kindergärten, Kirchen, Vereinen, einer Bibliothek, einer Zeitung und vielem mehr vertreten ist.
Man lebt in einem sehr fruchtbaren und harmonischen Miteinander mit der deutschen Mehrheit und bewahrt das Dänische, das Flensburg den besonderen Charakter verleiht: Die Stadt der zwei Kulturen.

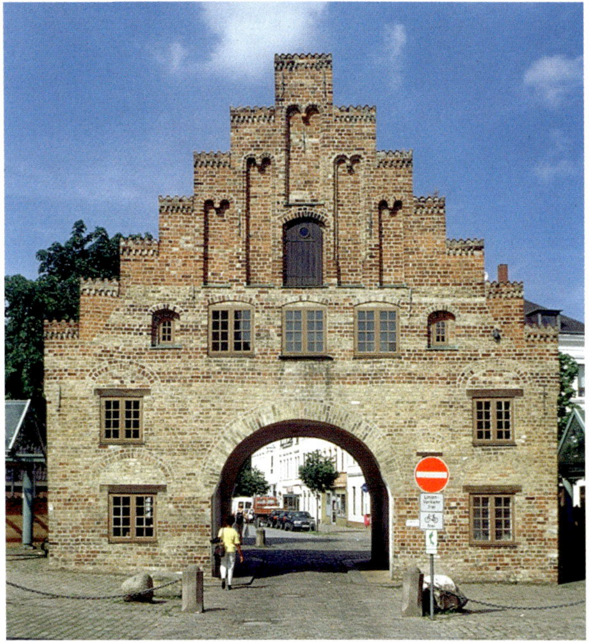

Nordertor

1920 stemte 75 % af Flensborgsborgere for Tyskland.
Det danske mindretal organiserede sig nu med et net af foreninger og institutioner, som efter 1945 blev endnu stærkere, fordi mange borgere hellere ville være danske end tyske. I dag regner man med, at lidt mere end 20% af Flensborgs befolkning tilhører det danske mindretal, de har egne skoler, børnehaver, kirker, foreninger, et bibliotek, egen avis og meget mere.
I dag lever mindretal og flertal i frugtbar og harmonisk sameksistens og bevarer samtidig det danske islæt, som giver Flensborg sit særpræg: Flensborg er byen med de to kulturer.

Nørreport

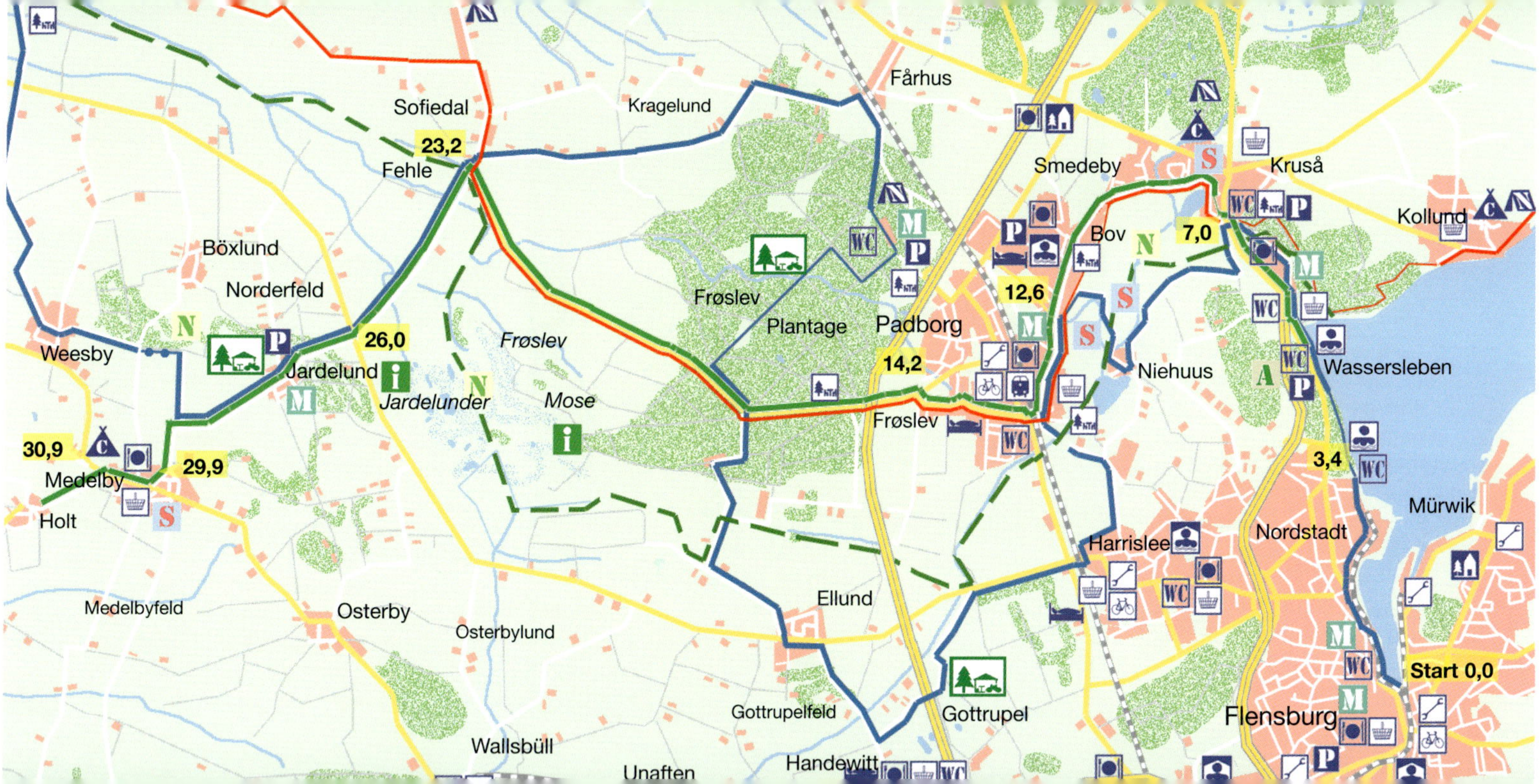
Fårhus
Sofiedal
Kragelund
23,2
Fehle
Smedeby
Kruså
Kollund
Bov
7,0
Böxlund
Norderfeld
Frøslev
Plantage
Padborg
12,6
Weesby
26,0
Frøslev
Jardelund
Jardelunder
Mose
14,2
Niehuus
Wassersleben
Frøslev
30,9
Medelby
29,9
Holt
3,4
Mürwik
Nordstadt
Harrislee
Ellund
Medelbyfeld
Osterby
Osterbylund
Start 0,0
Gottrupelfeld
Gottrupel
Flensburg
Wallsbüll
Handewitt
Unaften

Auf dem Nord-Ostsee-Radweg von Ost nach West

Erster Teilabschnitt: Von Flensburg bis Medelby

Ausgangspunkt ist die **Hafenspitze** in **Flensburg** **(0,0 km)**. Von dort radeln Sie an der westlichen Hafenseite entlang, kommen am ***Schifffahrtsmuseum*** und am ***Museumshafen*** vorbei. Vor dem FWN-Gelände **(1,1 km)** gegenüber dem Volksbad schwenken Sie nach links, überqueren Bahngleise und biegen nach rechts in die *Werftstraße* ein, (Radwegweiser nach Kruså 5,7 km). Bei **km 1,6** schwenken Sie rechts in den *Brauereiweg*, der in die Straße *Am Ostseebad* übergeht und zum Strand führt. Dort biegen Sie links ab **(3,4 km)**, radeln am ***Fördeufer*** entlang und passieren den Segelhafen von **Wassersleben** mit der auffälligen Holzfigur **(4,7 km)**. Wenig später verlassen Sie mit einem Links-rechts-Schwenk den Strand und fahren auf dem fahrbahnbegleitenden Radweg bergan. Hier beginnt der **Nord-Ostsee-Radweg**, dem Sie ab hier folgen. An der Abzweigung Kupfermühle fahren Sie geradeaus, überqueren den Grenzübergang **Kupfermühle/Kruså** **(7,0 km)**, biegen in **Kruså** an der ersten Ampel links in die Straße *Transitgården* ein, schwenken gleich darauf rechts in den *Skovvej* und noch mal rechts in einen ausgeschilderten Sandweg. Bei **km 8,0** radeln Sie zwischen dem ***Mühlenteich*** und der ***Wassermühle*** hindurch und befinden sich im

På Nordsø-Østersø Ruten fra øst til vest

Første delafsnit: Fra Flensborg til Medelby

Udgangspunkt er **havnespidsen** i **Flensborg** **(0,0 km)**. Derfra cykler Du langs den vestlige havneside og kommer forbi ***skibfartsmuseet*** og ***museumshavnen***. Foran FWN-grunden **(1,1 km)** overfor Volksbad drejer Du til venstre, krydser togskinnerne og kører straks til højre ind i *Werftstraße* (cykelvejviser til Kruså 5,7 km). Ved **km 1,6** svinger Du til højre ind i *Brauereiweg*, som går over i gaden *Am Ostseebad*, som så fører direkte ned til stranden. Her drejer Du til venstre **(3,4 km)**, cykler langs ***fjordbredden*** og passerer lystbådehavnen i **Wassersleben** med den påfallende træfigur **(4,7 km)**. Lidt senere forlader Du stranden med et venstre/højre sving og kører på cykelstien op ad bakken. Her begynder **Nordsø-Østersø Ruten** som Du så vil følge. Ved vejviseren til Kupfermühle kører Du ligeud og krydser grænseovergangen **Kupfermühle/Kruså** **(7,0 km)**, svinger ved første lysregulering i **Kruså** til venstre ind til *Transitgården*, drejer straks til højre ind i *Skovvej* og endnu engang til højre ind i en beskiltet grusvej.

Ved **km 8,0** cykler Du ind mellem ***Møllesøen*** og ***vandmøllen*** og befinder Dig i ***Kruså's tunneldal***. Du kører ligeud op ad bakken, drejer

Tunneltal der Kruså. Sie fahren geradeaus etwas bergan, schwenken an der Vorfahrtstraße nach links, queren **Bov (11,0 km)** auf dem *Padborgvej* und biegen bei **km 11,7** links in den *Østre Viaduktvej* ein. (Ab hier verlaufen Nord-Ostsee-Radweg und Grenzroute wieder gemeinsam.) Bei **km 12,6** kommen Sie am ***Bov Museum Oldemorstoft*** vorüber, passieren in **Padborg** zwei Unterführungen **(13,2 km)**, biegen nach 300 m mit einem Rechts-links-Schwenk in den *Frøslevvej* ein und fahren an der Abzweigung zum Frösleelager **(14,2 km)** geradeaus.

Abstecher: Zum ***Frösleelager*** biegen Sie rechts ab, Sie kommen jedoch auf dem Rückweg über die Grenzroute am ***Frösleelager*** vorbei.

Bei **km 16,4** überqueren Sie die Autobahn, folgen anschließend der Straße durch das Waldgebiet ***Frøslev Plantage*** und radeln geradeaus weiter, bis Sie in **Fehle**, wenige Meter vor dem Ortsschild **Sofiedal**, links nach Jadelund einbiegen und ein weiteres Mal die Grenze passieren **(23,2 km)**. Nach 3 km überqueren Sie eine Vorfahrtstraße **(26,0 km)** und erreichen am Obstgarten (Rastplatz) **Jardelund**. Im Ort lohnt ein Abstecher zum ***Peter Lassens Museum*** **(27,3 km)**. Anschließend folgen Sie den Radwegweisern, biegen in **Medelby** an der T-Kreuzung rechts ab **(29,9 km)** und schwenken gegenüber vom Campingplatz links in die *Karhader Straße* **(30,9 km)**.

Die weitere Wegbeschreibung beginnt auf Seite 25

ved hovedvejen til venstre, passerer **Bov (11,0 km)** på *Padborgvej* og svinger ved **km 11,7** til venstre ind i *Østre Viaduktvej* (Herfra følges Nordsø-Østersø Ruten og Grænseruten igen ad). Ved **km 12,6** kommer Du forbi ***Bov Museum Oldemorstoft***, passerer i **Padborg** to jernbaneviadukter **(13,2 km)**, drejer efter 300 m ved lysreguleringen i et højre/venstre sving ind i *Frøslevvej* og kører ved vejviseren til Frøslevlejren **(14,2 km)** ligeud.

Afstikker: Til ***Frøslevlejren*** drejer Du til højre, men kommer til seværdigheden på tilbagevejen via Grænseruten.

Ved **km 16,4** krydser Du motorvejen, tager efterfølgende vejen gennem skovområdet ***Frøslev Plantage*** og cykler videre indtil **Fehle**. Få meter foran vejskiltet **Sofiedal** svinger Du til venstre til Jardelund og passerer grænsen endnu engang **(23,2 km)**. Efter 3 km krydser Du en hovedvej **(26,0 km)** og når frem til Obstgarten (rasteplads) **Jardelund**. I landsbyen er det værd at besøge ***Peter Lassens Museum*** **(27,3 km)**. Derefter følger Du cykelvejviserne, svinger i Medelby ved T-krydset til højre **(29,9 km)** og drejer overfor campingpladsen til venstre ind i *Karharder Straße* **(30,9 km)**.

Flere vejbeskrivelser fra side 25

Sehenswertes zwischen Flensburg und Medelby

Tunneltal der Krusau

(siehe Seite 84)

Bov

Das lokalhistorische Museum von Bov (Padborg, Bovvej 2, montags geschlossen) befindet sich im reetgedeckten Hof „Oldemorstoft“, der alten Hardesvogtei von 1472, und einem neuen Anbau. Hier erfährt man viel über das Leben an der Grenze sowie über die Schlacht von Bov: hier begann 1848 die erste Schlacht der Schleswig-Holsteinischen Erhebung (dän.; Treårskrigen), in der sich 10 000 dänische Soldaten und 6000 schleswig-holsteinische „Aufrührer“ gegenüber standen.

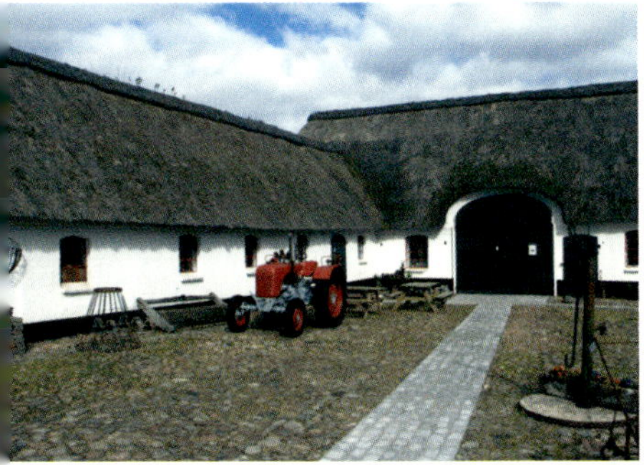

Bov Museum

Christian Lassen's Minde Museum

In Jardelund gibt das Christian Lassen's Minde Museum

Seværdigheder mellem Flensborg og Medelby

Tunneldal Kruså

(Se side 84)

Bov

Lokalhistorisk Museum Bov (Bovvej 2, Padborg, mandag lukket) har til huse i den stråtækte gård Oldemorstoft fra 1472 og dengang var herredsfogedens embedsbolig. Her kann man få en masse at vide om livet ved grænsen og ikke mindst om Slaget ved Bov: det var her det slesvig-holstenske bondeoprør (Treårskrigen) begyndte i 1848, og 10 000 danske soldater og 6000 oprørere fra hertugdømmet kæmpede mod hinanden.

Christian Lassen's Minde Museum

I Jardelund kann kulturinteresserede cykelturister i landsbymuseet Christian Lassen's

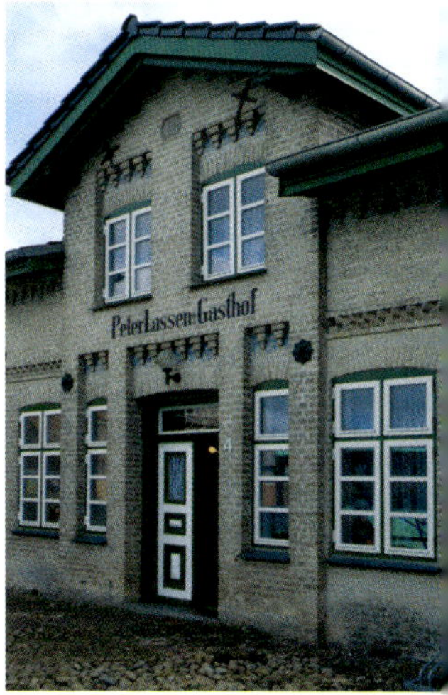

Christian Lassen's Minde Museum

(Kupfermühlenweg 4, nur Do. 9–12 Uhr oder nach Absprache: Tel. +49 4605 188 759) einen Einblick in das Landleben der vergangenen 100 Jahre. Das Kuriose daran: die Ausstellung ist nicht etwa zusammengetragen, sondern gehörte komplett zum Leben des letzten Bewohners des alten Dorfkruges. Sein gesamter Hausstand, das Erbe von Generationen, zeugt hier im musealen Originalzustand vom Leben anno dazumals.

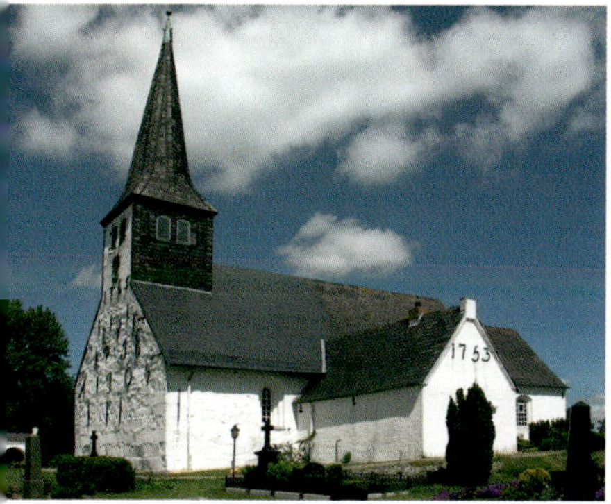

Kirche zu Medelby
Medelby kirke
Foto: Gorm Casper

Medelby
Medelby hat neben der romanischen **Feldsteinkirche St. Matthäus** aus dem 12. Jh. auch die 1858 erbaute **Holländerwindmühle Vanessa** als Ausflugsziel zu bieten. Diese ist zur Wohnmühle umgebaut und nur gelegentlich bei Konzerten zugänglich.

Minde Museum (Kupfermühlenweg 4, torsdage fra 9 til 12, eller efter aftale på telefon plus 49 4605 188 759) få et autentisk indblik i landbolivet gennem de sidste 100 år. Det pudsige er, at de udstillede genstande ikke er indsamlet fra forskellige hjem,men alle har tilhørt den sidste beboer i den gamle landsbykro. Alle hans ejendele, nedarvet gennem generationer, står som dengang, det var i daglig brug, og bliver således til et vidnesbyrd om tidligere tiders liv.

Medelby
Medelby byder på to spændende udflugtsmål, det ene er den romanske St. Matthæus Kirche fra det 12. århundrede, det andet er hollændervindmøllen Vanessa fra 1858. I dag er den bygget om til bolig og er kun ved specielle lejligheder såsom koncerter åben for publikum.

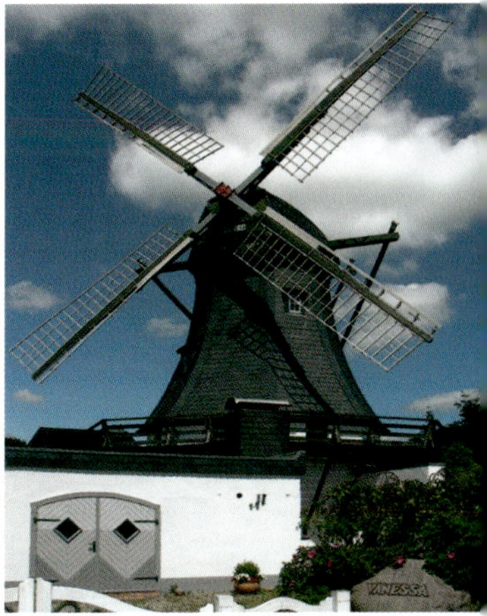

Windmühle Vanessa in Medelby
Vindmølle Vanessa, Medelby
Foto: Gorm Casper

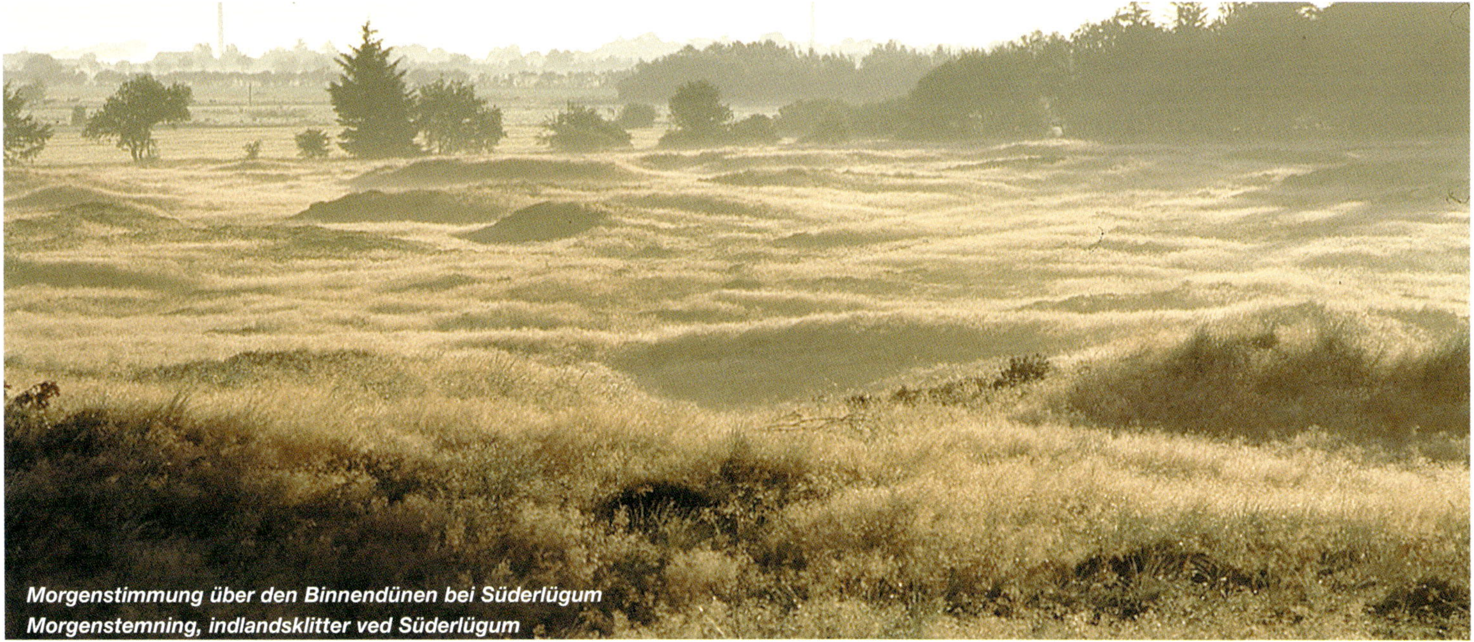

Morgenstimmung über den Binnendünen bei Süderlügum
Morgenstemning, indlandsklitter ved Süderlügum

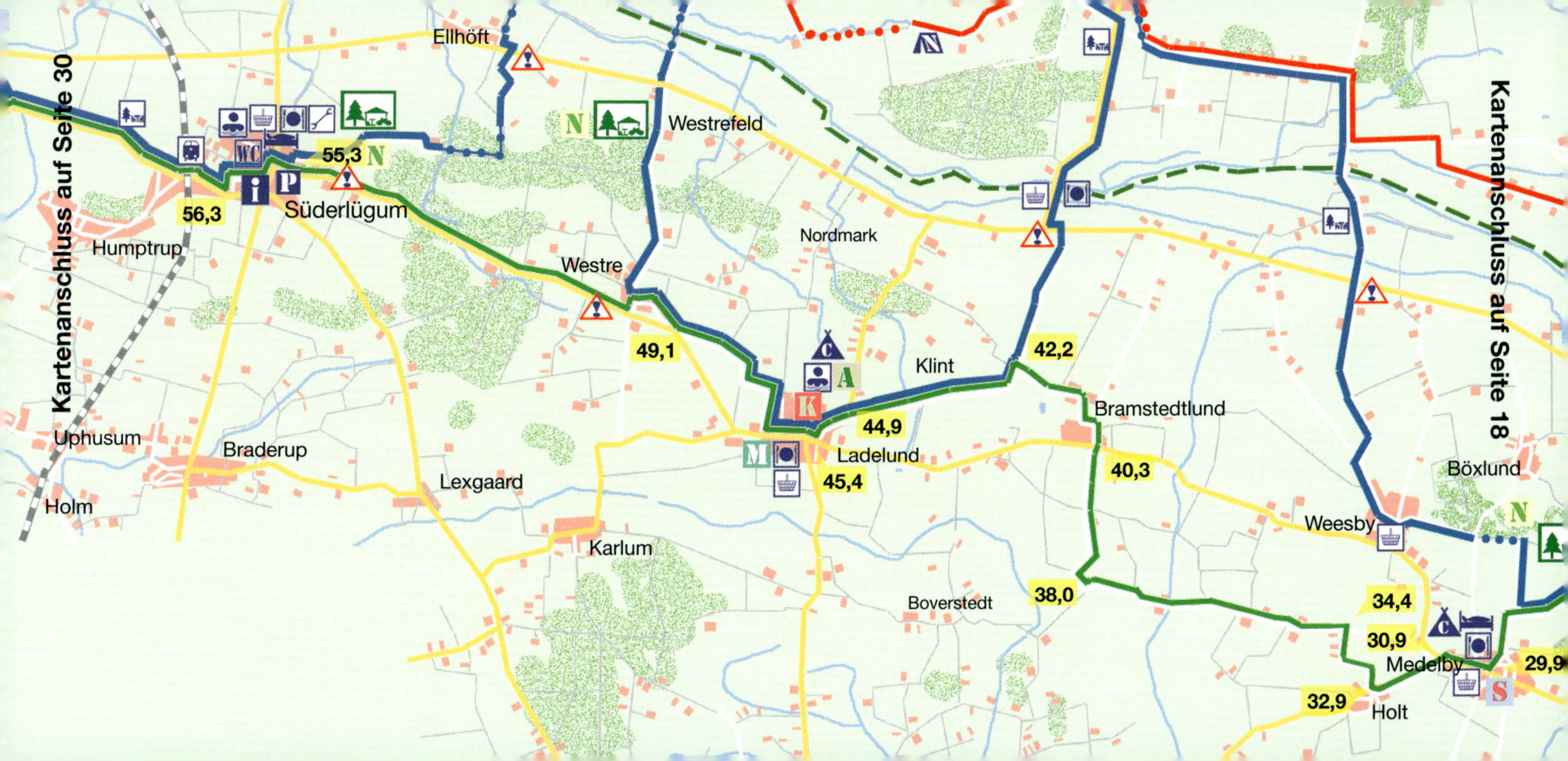
Kartenanschluss auf Seite 30
Kartenanschluss auf Seite 18
Ellhöft
Westrefeld
Nordmark
Westre
Süderlügum
Humptrup
Uphusum
Braderup
Holm
Lexgaard
Karlum
Ladelund
Klint
Bramstedtlund
Boverstedt
Weesby
Böxlund
Medelby
Holt
55,3
56,3
49,1
44,9
45,4
42,2
40,3
38,0
34,4
30,9
29,9
32,9

Zweiter Teilabschnitt: Von Medelby nach Süderlügum

Bei **km 32,9** biegen Sie rechts in den *Schmiedeweg* und bei **km 34,4** links in den *Abroer Weg* nach Ladelund ein.

Auf der folgenden langen, geraden Strecke schwenken Sie bei **km 38,0** nach rechts und folgen dem Wegweiser nach Ladelund. An der folgenden Weggabelung halten Sie sich rechts **(38,4 km)**, überqueren in **Bramstedtlund** die *Dorfstraße* **(40,3 km)**, folgen dem Wegweiser >Grenzstraße 3 km< und schwenken nach 150 m links in die *Nordstraße*. Am Ende des *Schmiedeweges* **(41,1 km)** biegen Sie links ab und verlassen den Ort.

An der Kreuzung *Westerweg* **(42,2 km)** biegen Sie links nach Ladelund ab und schwenken an der nächsten T-Kreuzung nach links **(44,9 km)**.

Abstecher: Zum Camping am **Naturbad** und zur **Gedenkstätte** biegen Sie rechts ab.

Sie erreichen **Ladelund**, biegen an der Tankstelle rechts ab **(45,4 km)** und radeln an der ***Kirche*** vorüber. Hier zweigt auch der Weg zur ***KZ Informations- und Begegnungsstätte*** ab (150 m). Anschließend kommen Sie am ***Dorfmuseum*** vorbei und biegen gleich darauf

Andet delafsnit: Fra Medelby til Süderlügum

Ved **km 32,9** svinger Du til højre ind i *Schmiedeweg* og ved **km 34,4** drejer Du ind i *Abroer Weg* i retning Ladelund.

På den efterfølgende lange, lige strækning svinger Du ved **km 38,0** til højre og følger vejviseren til Ladelund. Ved den følgende vejforgrening holder Du Dig til højre **(38,4 km)**, krydser i **Bramstedtlund** *Dorfstraße* **(40,3 km)**, følger vejviseren >Grenzstraße 3 km< og svinger efter 150 m til venstre ind i *Nordstraße*. Ved enden af *Schmiedeweg* **(41,1 km)** drejer Du til venstre og forlader landsbyen. Ved krydset *Westerweg* **(42,2 km)** drejer Du venstre af til Ladelund og svinger ved næste T-kryds til venstre **(44,9 km)**.

Afstikker: Til camping ved **Naturbad** Ladelund og **mindestedet drejer** Du af til højre.

Du ankommer i **Ladelund**, drejer ved tankstationen til højre **(45,4 km)** og cykler forbi ***kirken***. Her drejer vejen af til ***KZ Informations und Begegnungsstätte*** (150 m). Efterfølgende kommer Du forbi ***landsbymuseet*** og svinger straks derefter til højre.

Fra *Heerweg* kommende svinger du ved **km 49,1** til højre ind i *Dorfstraße* (drej ikke ind i hovedvejen). I **Westre** drejer Du til venstre

rechts ab. Bei **km 49,1** schwenken Sie vom *Heerweg* rechts in die *Dorfstraße* (nicht in die Vorfahrtstraße einbiegen). In **Westre** biegen Sie links nach Tøndern ein und schwenken nach 200 m rechts in die Vorfahrtstraße (! Vorsicht, stärker befahrene Straße ohne Radweg bis Süderlügum).

Wir erreichen **Süderlügum**, biegen an der T-Kreuzung gegenüber der ***Kirche*** **(55,3 km)** links ab, schwenken nach 100 m rechts in die *Westerstraße*, radeln zwischen Einkaufszentrum und Parkplatz (mit WC) hindurch und fahren vor der Linkskurve geradeaus durch die gepflasterte Spielstraße. An deren Ende biegen Sie links ab, nach 200 m vor einer Sackgasse noch mal links und schwenken an der Vorfahrtstraße rechts in den fahrbahnbegleitenden Radweg der *Bahnhofstraße* **(56,3 km)**.

Die weitere Wegbeschreibung beginnt auf Seite 31.

Tor zur Kirche von Süderlügum
Portal til Süderlügum kirke

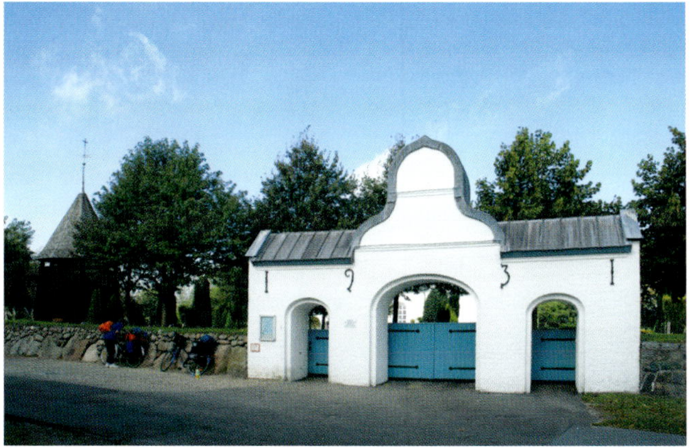

i retning Tønder og svinger efter 200 m til højre ind på hovedvejen (! Pas godt på: Vej til Süderlügum med stærk trafik, men uden cykelsti).

Du ankommer i **Süderlügum**, drejer ved T-krydset overfor ***kirken*** **(55,3 km)** til venstre, svinger efter 100 m til højre ind i *Westerstraße*, cykler ind mellem indkøbscentret og parkeringspladsen (med wc) og kører før venstresvinget ligeud ind på en brolagt legegade. Ved enden drejer Du til venstre, efter 200 m inden en blindgyden drejer Du endnu engang til venstre og svinger ved hovedvejen til højre ind på cykelstien af *Bahnhofstraße* **(56,3 km)**.

Flere vejbeskrivelser fra side 31.

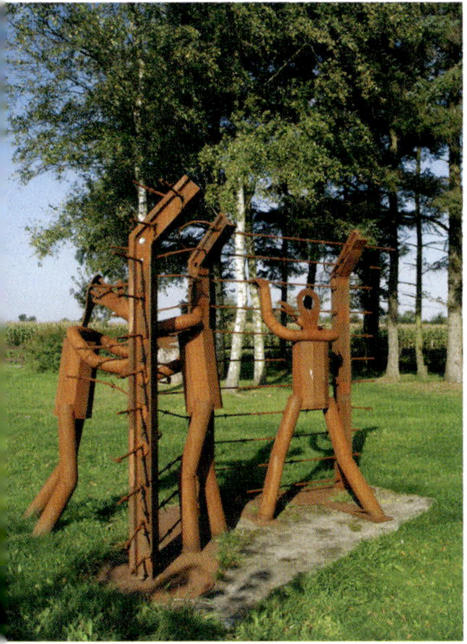

Ladelund

Das volkskundliche Dorfmuseum Ladelund (Westerstraße, 1. Mai bis 31. Oktober nur Mi. 14–18 Uhr, Gruppen nach Absprache: Tel. +49 4666 723) informiert mit Exponaten aus Landwirtschaft, Handwerk und Wohnen über die allgemeine Kulturhistorie, während eine weitere Institution die besondere Vergangenheit beleuchtet: Die KZ-Gedenk- und Begegnungsstätte (Raiffeisenstr. 3, montags geschlossen) erinnert mit einer 2017 umfassend modernisierten Dauerausstellung an das Schicksal der 2000 Häftline, die

KZ-Gedenkstätte in Ladelund
KZ-mindesmærke, Ladelund

Ladelund

Landsbymuseet (Dorfmuseum Ladelund, Westerstraße, åbent onsdage kl. 14–18, grupper efter aftale på telefon plus 49 4666723) informerer om landbrug, håndværk og boformer og giver et godt indblik i områdets kulturhistorie, mens en anden institution belzser den særegne fortid: KZ-mindestedet (KZ-Gedenk- und Begegnungsstätte, Raiffeisenstr. 3, mandag lukket) fortæller siden 1950 i en permanent udstilling om de 2000 fangers skæbne, som i 1944 blev interneret her i denne und erafdeling af koncentrationslejren Neuengamme, og under usigeligt umenneskelige forhold måtte grave de 3–4 meter dybe panserværnsgrave ved Hitlers “Friesenwall”. 300 fanger omkom i de seks uger, lejren bestod.

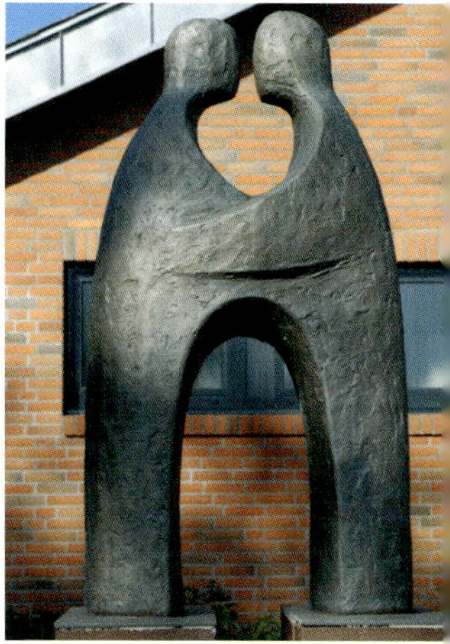

KZ-Begegnungsstätte in Ladelund
“KZ Begegnungsstätte”, Ladelund

1944 im Außenlager des KZ Neuengamme unter unsäglichen Umständen für die menschenunwürdige Schwerstarbeit an "Panzerabwehrgräben" untergebracht werden. 300 von ihnen starben in den sechs Wochen, die das Lager bestand.

Süderlügum zählt neben Aventoft und Harrislee zu den am stärksten vom Grenzverkehr geprägten Gemeinden. Die Grenznähe erlaubt Sonderregelungen bezüglich der Ladenöffnungszeiten, so dass sich auch Kunden von weit her zum sonntäglichen Einkauf nach Süderlügum aufmachen. Wegen der verkehrsgünstigen Lage an der Trasse des westlichen Ochsenweges war Süderlügum aber schon in alter

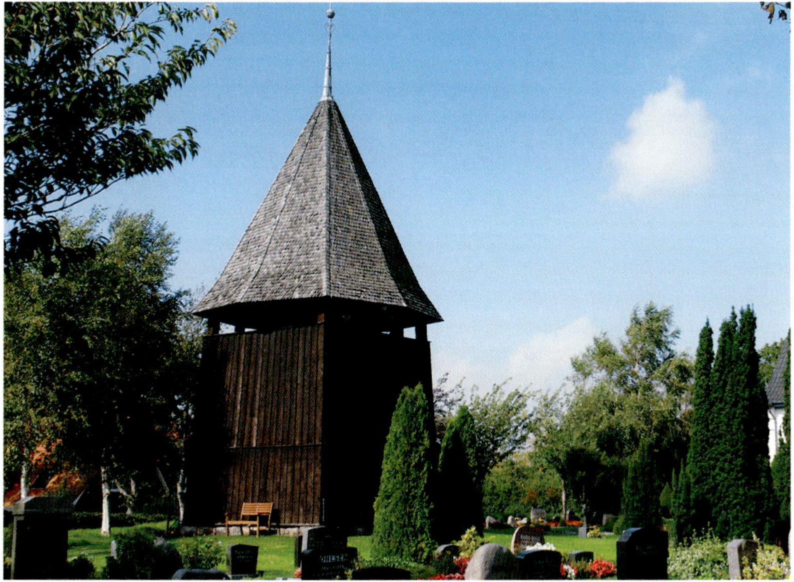

Kirche von Süderlügum
Süderlügum kirke

Süderlügum hører ligesom Aventoft og Harrislee til blandt de kommuner, der er stærkest præget af grænsehandlen. Netop på grund af grænsen gælder andre åbningstider, og det trækker også på søndage kunder langvejs fra. Süderlügum har med sin beliggenhed ved den vestlige Oksevej allerede i gamle dage været et attraktivt handelssted. Byen, som første gang er nævnt i 1177 som “Luegum” ligger mellem marsk og hede, hvor marsken med sine fede jorder gav landmændene god indtjening, mens heden gav bønderne store problemer:

Zeit ein begehrter Handelsplatz. Der bereits 1177 als „Lügum" erwähnte Ort liegt zwischen Marsch und Geest, wobei die Marsch mit ihren fetten Weiden für einträgliche Landwirtschaft sorgte, die Geest aber echte Probleme in Süderlügum bereitete: man hatte hier mit Sandstürmen zu kämpfen! Die östlich von Süderlügum direkt zwischen Nord-Ostsee-Radweg und Grenzroute gelegenen Binnendünen vermitteln noch einen deutlichen Eindruck von den Sandmassen, die bei starkem Wind verweht wurden. Heute findet man in diesem interessanten Naturschutzgebiet eine Aussichtsplattform und schöne Spazierwege durch die Dünenlandschaft. Östlich der Binnendünen durchquert man auf dem Nord-Ostsee-Radweg und Grenzroute den Süderlügumer Forst. Erst mit der Anpflanzung dieses Waldes zu Beginn des letzten Jahrhunderts konnte man die starken Sandverwehungen in diesem Bereich der Geest verhindern. In anderen Bereichen des schleswigschen Geestrückens kommt es auch heutzutage noch zu „Sandstürmen" auf Ackerfächen, die nicht durch Knicks (Wallhecken) vor Winderosion geschützt sind.

man kæmpede med sandstorme! Øst for Süderlügum mellem Nordsø-Østersø Ruten og Grænseruten findes der store sandklitter, som giver et udmærket indblik i, hvilke sandmængder den stærke blæst flyttede rundt med. Her i dette interessante naturbeskyttelses-område er der både udsigtsplatform og mange stier, der indbyder til en tur til fods gennem indlandsklitterne.

Øst for Süderlügums indlandsklitter fører både Grænseruten og Nordsø-Østersø Ruten gennem Süderlügum Forst (skov). Først efter at skoven blev plantet i begyndelsen af forrige århundrede, kunne sandflugten i området forhindres. Andre steder i det slesvigske hedeområde forekommer sandstorme stadigvæk der, hvor der ikke er levende hegn til at beskytte området mod vinderosionen.

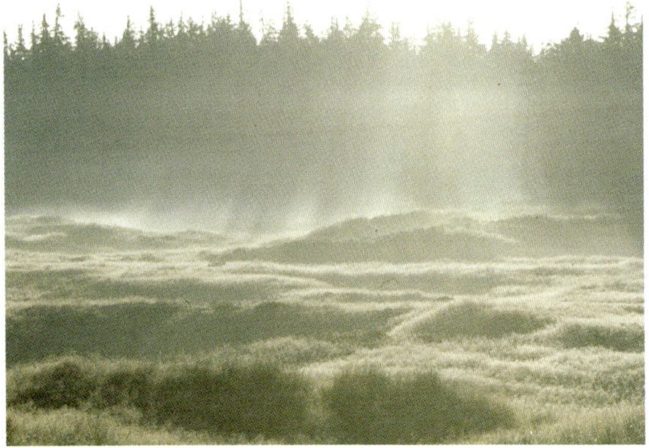

Morgenstimmung über den Binnendünen bei Süderlügum

Morgenstemning, indlandsklitter ved Süderlügum

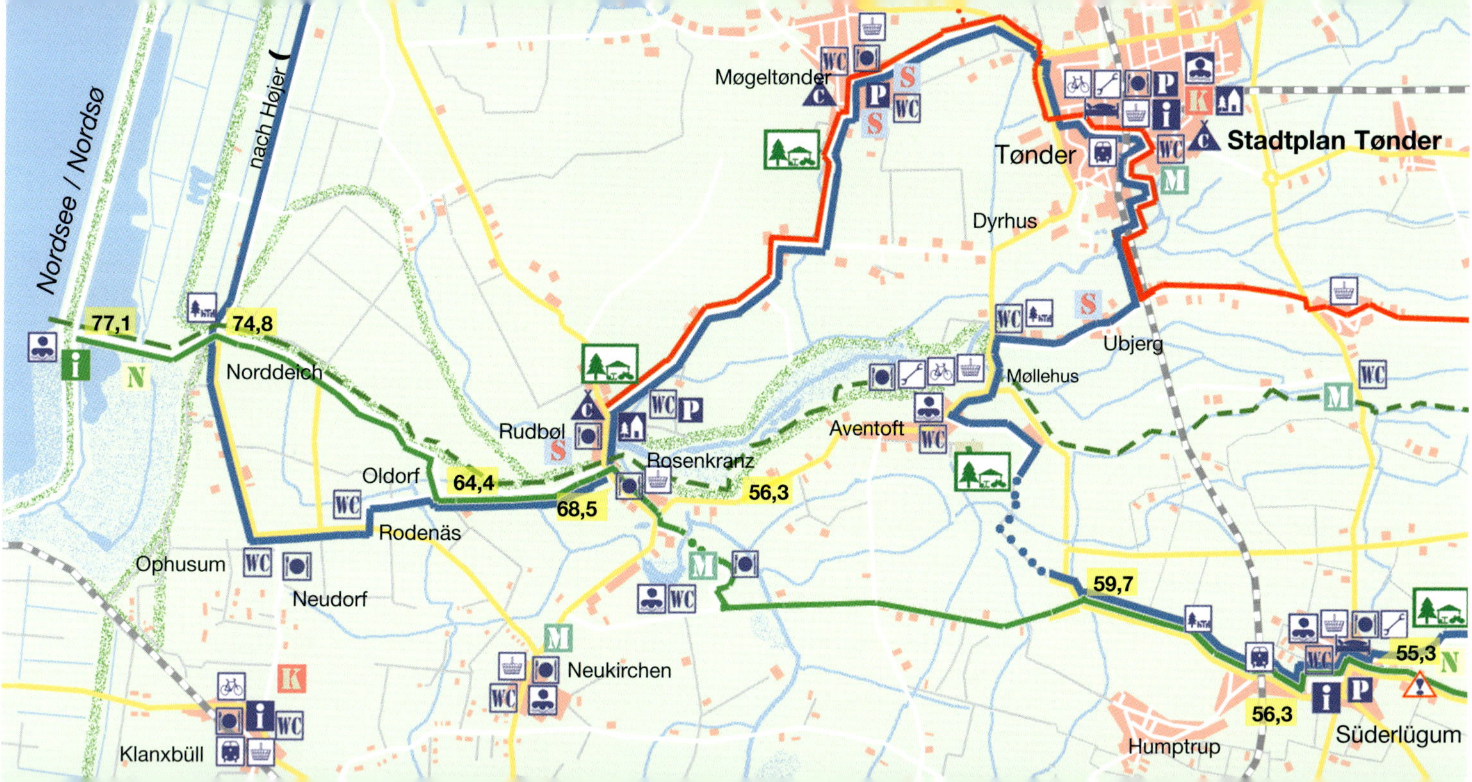

Nordsee / Nordsø
nach Højer
Møgeltønder
Tønder
Stadtplan Tønder
Dyrhus
Ubjerg
Møllehus
Aventoft
Rosenkranz
Rudbøl
Norddeich
Oldorf
Rodenäs
Ophusum
Neudorf
Neukirchen
Klanxbüll
Humptrup
Süderlügum
77,1
74,8
64,4
68,5
56,3
59,7
55,3
56,3

Dritter Teilabschnitt von Süderlügum zur Nordsee

In Wimmersbüll überqueren Sie die Bahngleise **(57,0 km)**, biegen gleich darauf rechts ab, Richtung Aventoft. Bei **km 59,7** schwenken Sie links nach Seebüll, zum Gotteskoog und zum Noldemuseum, überqueren die Schmale **(64,4 km)** und biegen nach weiteren 600 m rechts zum Museum ab.

Der Zugang zum ***Nolde-Museum*** führt linker Hand über den Parkplatz.

Anschließend fahren Sie vom Parkplatz vor dem ***Nolde-Museum*** geradeaus weiter an dem großen Gebäude auf einer Warft vorbei. Bald darauf endet der Asphaltweg. Sie radeln auf einem schmalen Grasweg über eine kleine Brücke, biegen an der Vorfahrtstraße rechts ab, fahren an der Abzweigung nach Aventoft geradeaus und schwenken direkt vor dem Grenzübergang Rosenkranz **(68,5 km)** links in die Straße, die auf dem Deich entlangführt.

An der ersten Kreuzung **(70,6 km)** biegen Sie rechts nach Norddeich ein, folgen der Linkskurve und fahren anschließend immer geradeaus an der Grenze entlang.

In Norddeich **(74,8 km)** folgen Sie nicht der Linkskurve, sondern fahren geradeaus zum Deich hoch, radeln am Grenzübergang vorbei

Tredje delafsnit: Fra Süderlügum til Nordsø

I Wimmersbüll krydser Du jernbanesporet **(57,0 km)** og drejer straks af til højre i retning af Aventoft. Ved **km 59,7** svinger Du til venstre ind til Seebüll, Gotteskoog og Noldemuseet, sætter over Schmale **(64,4 km)** og drejer efter 600 m til højre ind til museet.

Indgangen til ***Noldemuseet*** finder Du på venstre side hen over parkeringspladsen.

Efterfølgende kører Du fra parkeringspladsen foran ***Noldemuseet*** videre ligeud forbi husbakken med den store bygning. Snart derefter ender den asfalterede vej. Du cykler på en smal græsvej hen over en lille bro, drejer ved hovedvejen til højre, kører ved skiltet til Aventoft ligeud og svinger direkte foran grænseovergangen Rosenkranz/Rudbøl **(68,5 km)** til venstre ind på vejen som fører langs diget.

Ved det første kryds **(70,6 km)** drejer Du til højre ind efter Norddeich, følger venstre-svinget og kører efterfølgende ligeud langs grænsen.

I Norddeich **(74,8 km)** følger Du ikke venstresvinget men kører ligeud op på diget, cykler forbi grænseovergangen og følger vejviseren >Info Nationalpark 2 km< ligeud gennem Rickelsbüller

und folgen dem Wegweiser >Info Nationalpark 2 km< geradeaus durch den **Rickelsbüller Koog** bis zum ***Nordseedeich*** **(77,1 km)**. Hier endet der Nord-Ostsee-Radweg.

Der Treidelweg am Deich entlang ist zwischen der Grenze und der Wiedau Naturreservat und kann nicht betreten werden.
Zum Ausgangspunkt der Grenzroute fahren Sie die 2 km zurück, biegen auf dem Deich links ab und radeln auf der schnurgeraden Straße über die ***Wiedau*** nach Højer. Im Ort folgen Sie den Radwegweisern der windungsreichen Straße, schwenken am Ortsrand links in einen Grasweg, biegen bei der Højer-Schleuse rechts ab und erreichen die ***Wiedau- Schleuse***, Ausgangspunkt der Grenzroute.

Abstecher: Zum ***Emmerlev Klev*** und zum Campingplatz radeln Sie rechts am Deich entlang (2,5 km).

Die Beschreibung für die Rückfahrt auf der Grenzroute beginnt auf Seite 38.

Koog indtil Nordseedeich **(77,1 km)**. Her ender Nordsø-Østersø Ruten.

Treibelweg hen langs diget mellem grænsen og Vidåen er naturreservat og må ikke betrædes.
Til udgangspunktet af grænseruten kører Du de 2 km tilbage, drejer på diget af til venste og cykler på en snorlige vej hen over ***Vidå*** til Højer. I byen følger Du cykelvejviserne langs en vindingsrig vej, drejer ved bygrænsen til venstre ind i en græsvej, svinger ved ***Højer Sluse*** til højre og ankommer ved Vidå Sluse, udgangspunktet af grænseruten.

Afstikker: Til ***Emmerlev Klev*** og til campingpladsen kører Du på højre side hen langs diget (2,5 km).

Grænseruten i modsat retning beskrives på side 38.

Sehenswertes zwischen Süderlügum und der Nordsee

Nolde-Museum

Von 1927 bis 1937 ließ sich der Maler Emil Nolde nach eigenen Entwürfen sein Wohn- und Atelierhaus auf der Warft Seebüll bauen. Der eigenwillige, geschlossene Bau aus rot-violettem Klinker ist umgeben von einem prächtigen Blumengarten und erhebt sich mächtig aus der flachen, weiten Marschlandschaft. Hier lebte und arbeitete Nolde bis zu seinem Tod im Jahr 1956. Die ursprüngliche Atmosphäre ist auch durch das neue Empfangs- und Restaurantgebäude gewahrt geblieben, und so gleicht ein Gang durch den Bildersaal und die Kabinette mehr einem Atelierbesuch als der Besichtigung eines Museums. Die Ausstellung der Gemälde, Aquarelle, Graphiken und kunsthandwerklichen Arbeiten wechselt jedes Jahr und gibt einen Überblick über das künstlerische Schaffen Noldes, der zu den führenden Expressionisten des 20. Jahrhunderts zählt.

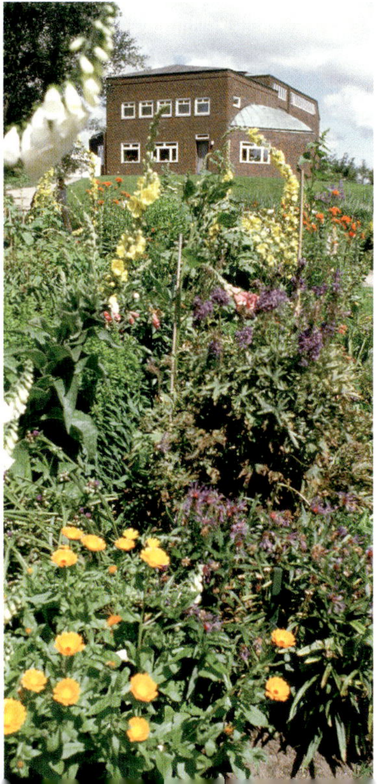

Seværdigheder mellem Süderlügum og Nordsø

Nolde Museum

Fra 1927–1937 tegnede maleren Emil Nolde selv det hus, han lod bygge på husbakken Seebüll. Den egensindige, borglignende bygning af rødviolette sten er omgivet af en pragtfuld blomsterhave og hæver sig majestætisk op over det lave, storslåede marsklandskab.
Her boede og arbejdede Nolde frem til sin død i 1956. Huset har bevaret sin oprindelige atmosfære, og det giver den besøgende mere en fornemmelse af et besøg i et atelier end af et egentligt museumsbesøg. Udstillingerne af Noldes malerier, akvareller, grafik og kunsthåndværk skifter hvert år og giver således et godt overblik over Noldes kunstneriske produktion, som hører til blandt det 20. århundredes førende ekspressionister.

Nolde-Museum

Der **Rickelsbüller Koog** ist ein Eldorado für Vogelkundler und Naturliebhaber. Das über 500 ha große Naturschutzgebiet ist Brutgebiet vieler seltener Vogelarten und bietet mit einer ideal platzierten Beobachtungshütte eindrucksvolle Naturerlebnisse.

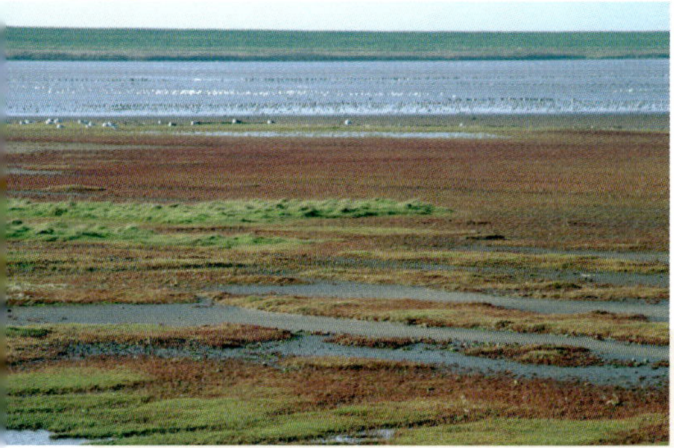

Im Rickelsbüller Koog
Rickelsbüller Koog

Stiltoft/Norddeich

Bei Stiltoft bzw. Norddeich passiert man den westlichsten Übergang der deutsch-dänischen Grenze. Dieser hat während seines Bestehens für viel Verdruss gesorgt, nicht nur bei den anfangs hierher in die Einöde strafversetzten Grenzgendarmen. Der ursprünglich hier platzierte Schlagbaum bereitete insbesondere dem langjährigen direkten Anlieger, Bauer Broder P., Probleme. Sein Hof lag in Dänemark, aber die Hofausfahrt mündete in eine bereits in

Rickelsbüller Koog er et eldorado for fugleinteresserede og naturelskere. Det over 500 ha store naturbeskyttelsesområde er ynglested for mange sjældne fugle og byder via et særdeles velplaceret observationsskjul på helt specielle naturoplevelser.

Siltoft/Norddeich

Ved Siltoft/Norddeich fører Grænseruten dig over den vestligste grænseovergang mellem DK–D. Grænseovergangen har, så længe den har eksisteret, givet anledning til en del ærgrelse, ikke kun for de første gendarmer, der blev strafforflyttet på vagttjeneste i denne “udørk”. Dens direkte nabo igennem mange år, bonden Broder P., havde en del problemer. Hans

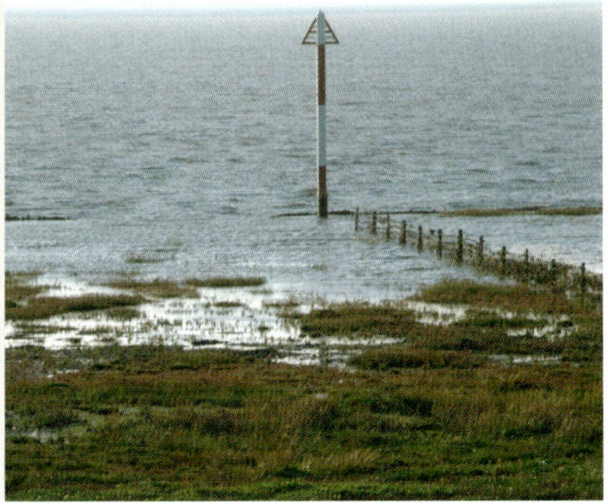

Blick über die Nordsee
Udsigt over Vesterhavet

Deutschland liegende Straße. Jede Fahrt von seinem Hof auf seine Felder führte ihn, nach wenigen Metern auf deutschem Boden, wieder pflichtgemäß durch den Schlagbaum nach Dänemark. Da der Schlagbaum immer verschlossen sein sollte und die Grenzgendarmen nicht immer vor Ort waren, hatten die Anwohner eigene Schlüssel. Bauer P. musste nun jedes Mal vom Trecker absteigen, hindurchfahren und wieder abschließen. Genervt von dieser Prozedur fand er bald eine eigene Lösung: Er schloss erst gar nicht ab, sondern fuhr mit dem Trecker dicht an den Schlagbaum heran, um ihn mit der Mistgabel zu öffnen und – wenn überhaupt – wieder zu senken. Beinahe wäre der Grenzübergang wegen des Streits um den offenen Schlagbaum komplett geschlossen worden, aber man fand eine gute Lösung: Bauer P. bekam eine Fernbedienung für einen automatisch schließenden Schlagbaum.

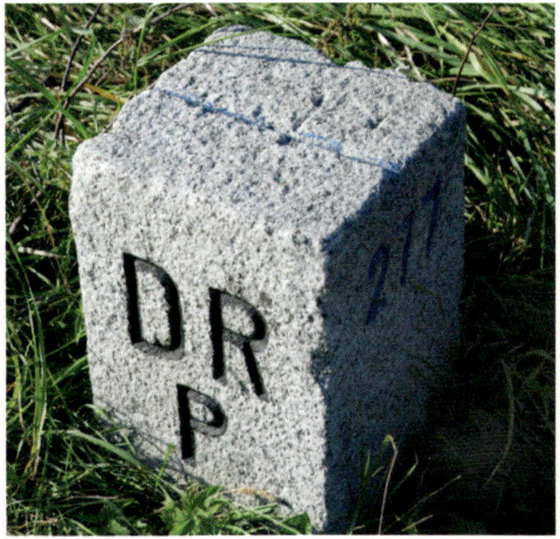

Grenzstein bei Norddeich
Grånsesten ved Norddeich

gård lå på den danske side af grænsen, men udkørslen fra gården mundede ud i en vej på den tyske side af grænsen. Hver gang han forlod gårdspladsen for at køre ud på sine marker, måtte han et smut til Tyskland og passere grænsen til Danmark. Da grænsebommen altid skulle være aflåst og grænseovergangen ikke var konstant bevogtet, havde de lokale egen nøgle til bommen. Altså måtte Broder P. for at komme ud på sine marker, stige ud af traktoren, låse op, køre over, gå tilbage og lukke og låse efter sig. Opfindsom som han var, fandt han dog snart en måde at løse problemet på: med en høtyv åbnede han bommen, men fik den ikke altid lukket efter sig. Det havde næsten medført permanent lukning af bommen, men man fandt en rigtig god løsning: Broder P. blev udstyret med en fjernbetjening og bommen med automatisk lukkemekanisme.

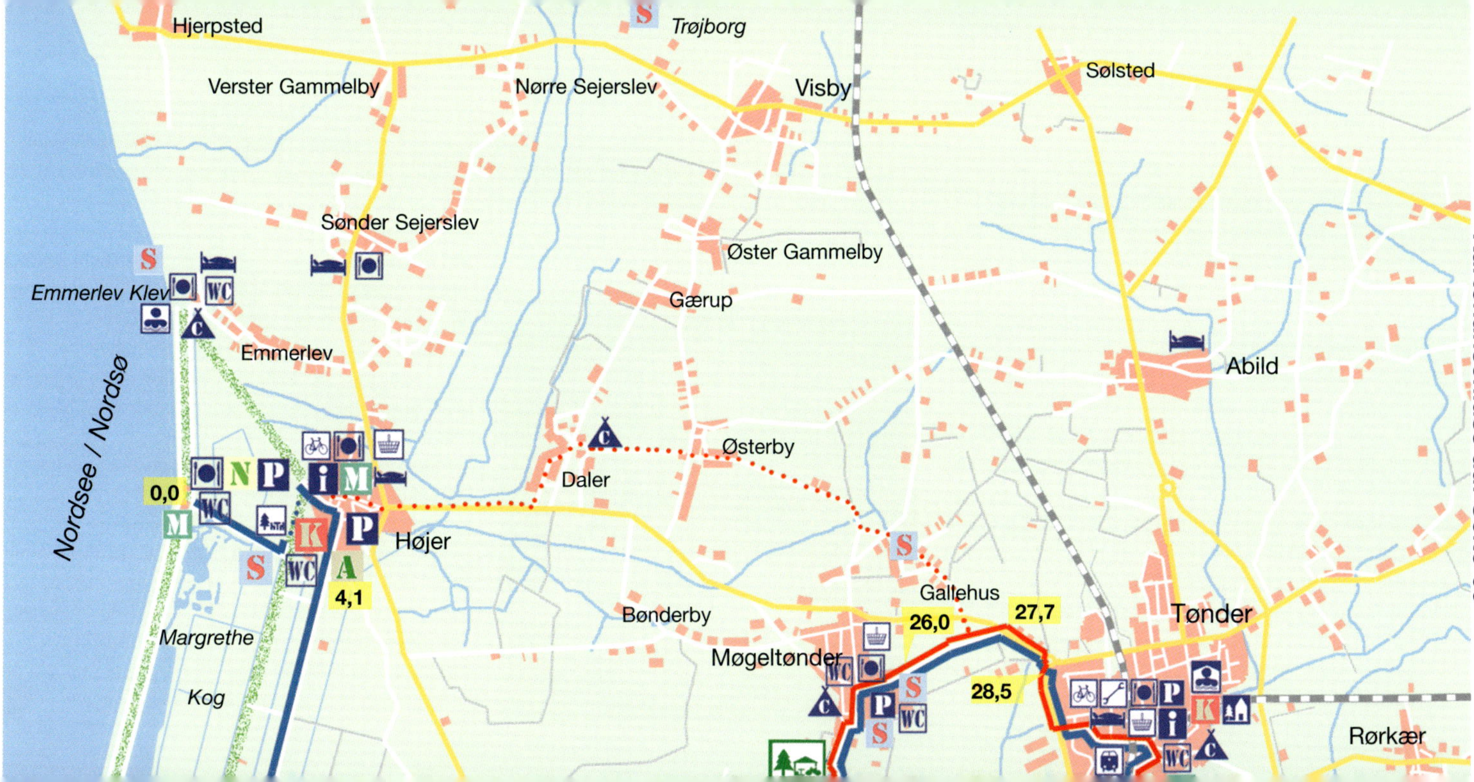
Hjerpsted
Trøjborg
Verster Gammelby
Nørre Sejerslev
Visby
Sølsted
Sønder Sejerslev
Øster Gammelby
Emmerlev Klev
Gærup
Emmerlev
Abild
Nordsee / Nordsø
Østerby
Daler
0,0
Højer
4,1
Gallehus
Bønderby
26,0
27,7
Tønder
Margrethe
Møgeltønder
28,5
Kog
Rørkær
Kartenanschluss auf Seite 60

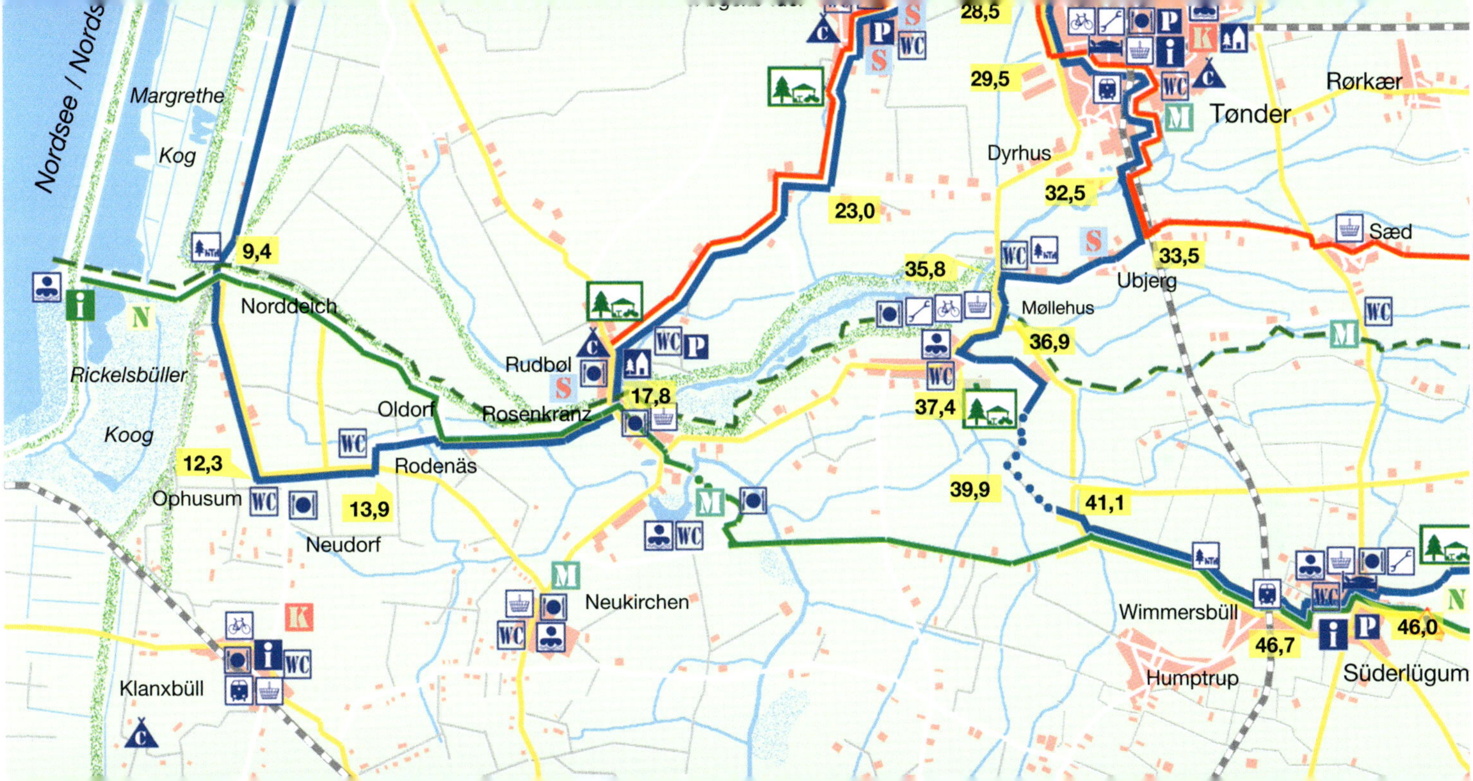

Kartenanschluss auf Seite 61

Auf der Grenzroute von West nach Ost

Erster Routenabschnitt von Højer nach Süderlügum

Von der ***Wiedau-Schleuse*** **(0,0 km)** fahren Sie auf der Grenzroute nach Osten. Direkt neben der Schleuse befindet sich das ***Tøndermarskens Naturcenter,*** und neben dem Kiosk gibt es eine Infotafel zur Grenzroute.
Sie folgen den Radwegweisern nach Højer, schwenken vor der ***Højer-Schleuse*** auf dem Deich **(1,7 km)** nach links und vor der Rechtskurve der Straße geradeaus in einen schmalen Grasweg. An dessen Ende biegen Sie am Ortsrand von **Højer** rechts in die Asphaltstraße ein, passieren gegenüber der Abzweigung **(2,9 km)** zur ***Højer-Mühle*** (Museum) das ***Kulturzentrum Kiers Gaard*** und den Fußweg zum frühgeschichtlichen ***Hügelgrab Jættestue***.
Bei **km 3,1** fahren Sie an der Vorfahrtstraße einen Rechts-links-Schwenk, folgen dem Straßenverlauf durch **Højer**, überqueren die nächste Vorfahrtstraße und fahren auf der langen, geraden Straße über die ***Wiedau*** **(4,1 km)** zum **Grenzübergang Frederikskoog** **(9,4 km)**. Hier kreuzen Sie den Nord-Ostsee-Radweg und folgen der Grenzroute in Richtung Neukirchen. Nach einer Linkskurve **(12,3 km)** fahren Sie an der Abzweigung nach Klanxbüll **(12,6 km)** geradeaus

På Grænseruten fra vest til øst

Første ruteafsnit fra Højer til Süderlügum

Fra ***Vidå Sluse*** **(0,0 km)** kører Du på Grænseruten mod øst. Direkte ved siden af slusen befinder sig ***Tøndermarskens Naturcenter*** og ved siden af kiosken findes en informationstavle vedrørende Grænseruten.

Du følger cykelvejviserne til Højer, svinger på diget foran ***Højer Sluse*** **(1,7 km)** til venstre og foran vejens højresving kører Du ligeud ind i en smal græsvej. I enden af vejen, ved bygrænsen til **Højer**, drejer Du til højre ind på en asfalteret vej. Her passerer Du overfor vejforgreningen **(2,9 km)** til ***Højer Mølle*** (museum) ***kulturcentret Kiers Gård*** og fodvejen til den tidlig ***historiske gravhøj Jættestue***.
Ved **km 3,1** kører Du ved hovedvejen et højre/venstre sving, følger vejen gennem Højer, krydser næste hovedvej og kører på den lange snorlige vej over ***Vidåen*** **(4,1 km)** til ***grænseovergangen Frederikskoog*** **(9,4 km)**. Her krydser Du Nordsø-Østersø Ruten og følger Grænseruten i retning af Neukirchen. Efter et venstresving **(12,3 km)** kører Du ved vejforgreningen til Klanxbüll **(12,6 km)** ligeud i retning Rodenäs,drejer i **Oldorf** ved siden af ***kirken*** **(13,9 km)** til

Richtung Rodenås, biegen in **Oldorf** neben der ***Kirche*** **(13,9 km)** links ab und fahren bis zum **Grenzübergang Rosenkranz (17,8 km)**. Dort biegen Sie nochmal links ab, überqueren die Grenze, folgen dem Sandweg parallel der Straße über die ***Wiedau*** und schwenken nach einem Kilometer nach rechts **(18,8 km)**. Die Grenzroute verläuft nun zusammen mit dem Radweg Nr. 8. Bei **km 23,0** biegen Sie links nach Møgeltønder ab, erreichen den Ort mit einem Rechts-links-Schwenk **(24,8 km)** und folgen den Radwegweisern durch ***Møgeltønder***. An der ***Kirche*** halten Sie sich rechts und radeln auf ***Dänemarks schönster Dorfstraße*** zum ***Schloss Schackenborg*** **(26,0 km)**.

Anschließend fahren Sie nach Tønder geradeaus weiter, schwenken an der Vorfahrtstraße nach rechts **(27,7 km)** und am Kreisverkehr **(28,5 km)** noch mal rechts. Bei **km 29,5** biegen Sie vor einem Hügel mit einem übergroßen Fuß als Wahrzeichen der Ecco-Schuhfabrik links ab Richtung Centrum, verlassen die Umgehungsstraße und erreichen den Ortsrand von **Tønder**. Nach weiteren 200 Metern halten Sie sich rechts und folgen den Wegweisern der Grenzroute und dem Radweg Nr. 8. Schließlich überqueren Sie die Bahngleise, biegen rechts ab und gleich danach **(30,9 km)** noch mal rechts in die Straße *Ved Slotsbanken*.

venstre og kører videre til **grænseovergangen Rosenkranz/ Rudbøl (17,8 km)**. Her svinger Du endnu engang til venstre, krydser grænsen, følger sandvejen parallel til hovedvejen over ***Vidåen*** og svinger efter en km til højre **(18,8 km)**. Grænseruten forløber nu sammen med cykelvej nr. 8. Ved **km 23,0** drejer Du til venstre i retning af Møgeltønder, ankommer i landsbyen med et højre/venstre sving **(24,8 km)** og følger cykelvejviserne gennem **Møgeltønder**. Ved ***kirken*** holder Du Dig til højre og cykler nu på ***Danmarks skønneste landsbyvej*** til ***Schackenborg Slot*** **(26,0 km)**.

Efterfølgende kører Du videre ligeud i retning Tønder, drejer ved hovedvejen **(27,7 km)** til højre og ved rundkørslen endnu engang til højre. Ved **km 29,5** drejer Du foran en høj med en kæmpestor fod fra Ecco-skofabrik til venstre i retning centrum, forlader omfartsvejen og ankommer til **Tønders** bygrænse. Efter 200 m holder Du Dig til højre og følger Grænserutens vejvisere og cykelvej nr. 8. Endelig krydser Du jernbanesporet, svinger til højre og straks derefter **(30,9 km)** endnu engang til højre ind i gaden *Ved Slotsbanken*.

Afstikker: Til ***museet i vandtårnet*** cykler Du endnu 200 m ligeud, til gågaden i ***centrum*** drejer Du til venstre.

Abstecher: Zum ***Museum im Wasserturm*** radeln Sie noch 200 m geradeaus, zur Fußgängerzone der ***Innenstadt*** biegen Sie links ab.

Vor dem ehemaligen Güterbahnhof schwenken Sie nach links **(31,2 km)**, nach 200 m noch mal links in einen schmalen Weg, passieren zwei Brücken **(32,5 km)**, überqueren die Bahngleise und halten sich links. Bei **km 33,5** biegen Sie rechts in die Vorfahrtstraße ein, radeln in **Ubjerg** an der ***Kirche*** vorüber, biegen an der T-Kreuzung **(35,8 km)** links nach **Møllehus** ab und überqueren ein weiteres Mal die Grenze.

In **Aventoft** schwenken Sie nach rechts **(36,9 km)**, biegen bei **km 37,4** links in die Straße *Drift* ein und schwenken an der nächsten T-Kreuzung **(38,7 km)** nach rechts. Im Wald passieren Sie einen Wasserlauf, biegen an der folgenden Abzweigung **(39,9 km)** links ab, schwenken an der Vorfahrtstraße nach rechts **(41,1 km)**, überqueren in **Wimmersbüll** die Bahngleise und schwenken in **Süderlügum** links in den *Westerweg* **(46,7 km)**, folgen den Radwegweisern, radeln zwischen Parkplatz und Einkaufszentrum hindurch, biegen an der Vorfahrtstraße (**45,9 km)** links und nach 100 m neben der ***Kirche*** rechts ab.

Die weitere Wegbeschreibung beginnt auf Seite 62.

Foran den tidligere godsbanegård **(31,2 km)** svinger Du til venstre, efter 200 m endnu engang til venstre ind i en smal vej, passerer to broer **(32,5 km)**, krydser jernbanesporet og holder Dig til venstre.

Ved **km 33,5** drejer Du til højre ind på hovedvejen, cykler i **Ubjerg** forbi ***kirken***, svinger ved T-krydset **(35,8 km)** til venstre i retning **Møllehus** og krydser endnu engang grænsen.

I **Aventoft** svinger Du til højre **(36,9 km)**, drejer ved **km 37,4** til venstre ind i gaden *Drift* og svinger ved næste T-kryds **(38,7 km)** til højre. I skoven passerer Du en å, drejer ved næste forgrening **(39,9 km)** til venstre, svinger ved hovedvejen til højre **(41,1 km)**, krydser i **Wimmersbüll** jernbanesporet og svinger i **Süderlügum** venstre ind i *Westerweg* **(46,7 km)**, følger cykelvejviserne, cykler ind mellem parkeringsplads og indkøbscentret, drejer ved hovedvejen **(45,9 km)** til venstre og efter 100 m ved siden af ***kirken*** til højre.

Yderligere vejbeskrivelse begynder på side 62.

Wiedau-Schleuse

Typisch Westküste: Am weiten Himmel treibt der vorherrschende Westwind die Wolken vor sich her. Die frische, salzige Nordseeluft belebt die Sinne. Massive Deiche scheinen sich über den ganzen Horizont zu erstrecken und ein imposantes Bauwerk beherrscht die Szene: Hier an der Wiedau-Schleuse (Vidå-Slusen) befindet sich der westliche Start- oder Ausgangspunkt der Grenzroute.

Dänemarks drittgrößter Wasserlauf, die Wiedau (Vidå) wird an der 1980 eingeweihten Schleuse durch den Nordseedeich ins Wattenmeer entlassen. Von der Deichkrone bietet sich ein herrlicher Ausblick bis nach Sylt und Rømø. Direkt neben der Schleuse, in den Ausstellungsräumen des **Tøndermarskens Naturcenter**, findet man viel Wissenswertes über die Natur der Marschen und das Wattenmeer sowie über den unermesslichen Vogelreichtum.

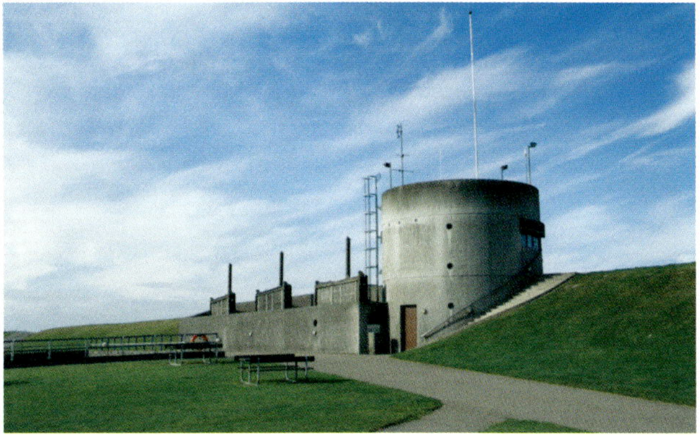

Wiedau-Schleuse, Ausgangspunkt der Grenzroute
Vidå Sluse, Grænserutens startpunkt

Vidå Sluse

Typisk Vestkyst: Vestenvinden blæser skyerne ind over land. Frisk havluft puster nyt liv i krop og sjæl. Det langstrakte dige præger horisonten og et imponerende bygningsværk påkalder sig opmærksomheden: Vidå Sluse, her begynder og slutter Grænseruten.

Det er her Danmarks tredjestørste å, Vidåen, via Vidå-Slusen, som blev indviet i 1980, løber gennem Nordsødiget og ud i Vadehavet. Fra digekammen er der en fantastisk udsigt over Vadehavet til Sild og Rømø. I **Tøndermarskens Naturcenter**, beliggende lige ved Slusen, finder du mange flere oplysninger om marsken, dens natur og enorme fuglerigdom. På vestsiden af den **gamle Højer-Sluse** fra 1861 ser man den øverste markering på stormflodssøjlen fra 1976, årsagen til at et nyt dansk-tysk fordige blev påbegyndt i 1977. Med det nye dige

Auf der Westseite der alten **Højer-Schleuse** von 1861 findet man die Hochwassermarke von 1976. Das ist der Grund, weshalb der neue deutsch-dänische Vordeich und die Wiedau-Schleuse ab 1977 errichtet wurden. Man gewann dadurch den Schutz vor dem Blanken Hans, aber verlor den freien Zugang zur See.

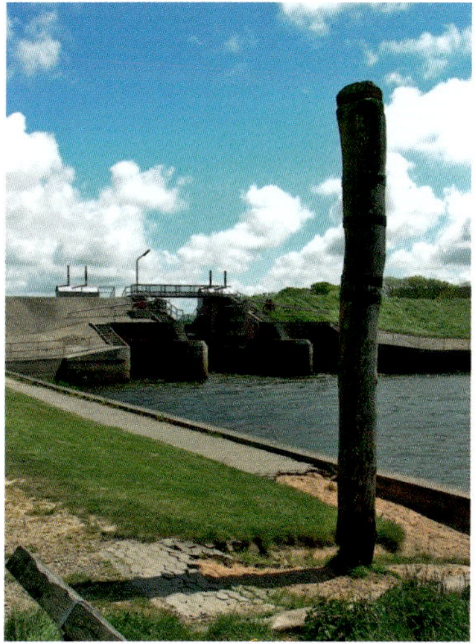

Ausflugstipp (2,5 km): Emmerlev Klev
Nur wenige Kilometer nördlich – ein Radweg führt direkt am Deich entlang – bietet sich dem Radwanderer ein völlig anderes Bild. Unvermittelt hört der Deich auf, der Küstensaum steigt an und eine Kliffkante tritt hervor: Emmerlev Klev. Ebenso überraschend für Ortsunkundige: Hier gibt es einen Sandstrand!

Højer-Schleuse
Højer Sluse
Foto: Gorm Casper

er marsklandet beskyttet mod havet, men ikke længere med direkte adgang til havet.

Afstikker fra ruten (2,5 km): Emmerlev Klev
Få kilometer nord for slusen – man når dertil ad en cykelsti langs diget – byder naturen på et fuldstændigt anderledes og uventet billede. Pludseligt ophører diget og kysten hæver sig i en klint, Emmerlev Klev. Ligeså overraskende for folk, der ikke kender området: her findes et stykke sandstrand!

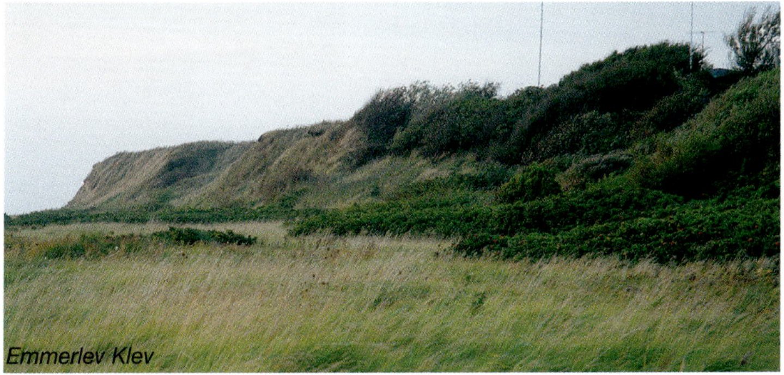
Emmerlev Klev

Die im Vergleich zu ihrem Nachfolger romantisch anmutende Højer-Schleuse symbolisiert heute die Seefahrtsgeschichte Højers. Über den sicheren Hafen hinter der Schleuse wurde einst beträchtlicher Seehandel getrieben. Auch ein besonderes Kapitel deutsch-dänischer Geschichte trug sich hier zu: Bis zur Eröffnung des Hindenburgdammes 1927 wurde mit Dampfern der zur vorletzten Jahrhundertwende schon blühende Seebäderverkehr nach Sylt von hier abgewickelt. Von Hamburg fuhren damals bereits Sonderzüge bis zum Anleger an die Schleuse. Als Nordschleswig 1920 dänisch wurde, verplombte man die Reisewaggons zwischen der deutschen Grenze und dem Bahnhof am Hafen in Højer, um den Passagieren eine doppelte Zollkontrolle zu ersparen.

Einen historischen Einblick in den harten Alltag der hiesigen Bewohner zu just dieser Zeit bietet ein kleines Freilichtmuseum östlich der Schleuse. Die Ausstellung „**Bådfolk ved Vidåen**“ (Bootsleute an der Wiedau)

Im Freilichtmuseum „Bootsleute an der Wiedau“
Friluftmuseet “Bådfolk ved Vidåen”
Foto: Gorm Casper

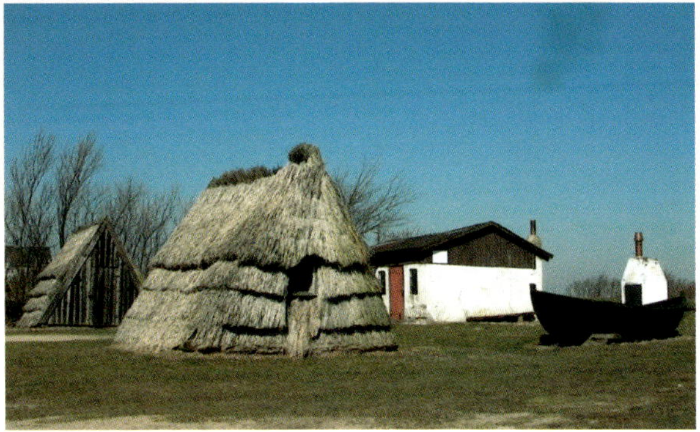

Højer Sluse er et symbol på Højers søfartshistorie, som i sammenligning med sin moderne afløser nærmest får et romantisk skær. Tidligere var den sikre havn bag slusen en handelshavn med en anseelig aktivitet. Havnen har også spillet en rolle i et ganske særligt kapitel i dansk-tysk historie: frem til åbningen af Hindenburgdæmningen i 1927 blev kurgæster til søbadene på Sild transporteret til og fra øen med damper via Højer. Kurbadene sørgede allerede før det forrige århundredeskifte for levende trafik, og der kørte sågar ekstratog fra Hamborg direkte til kajen ved Slusen. Da Nordslesvig i 1920 blev dansk, blev passagervognene plomberet ved grænsen og åbnet igen i Højer for at spare de rejsende for dobbelt toldkontrol.

Øst for slusen er der et lille friluftsmuseum, der fortæller om lokalbefolkningens hverdag på den tid. Udstillingen “**Bådfolk ved Vidåen**” giver et godt indblik i deres dagligliv

zeigt Tagewerk und Leben der Binnenfischer an der Wiedau und dem Ruttebüller See.
Der kleine Hafen nebenan wird heute von vielen Freizeitskippern und Sportanglern genutzt.

Højer
präsentiert sich als idyllisches Städtchen mit hübschen Häuschen, vielen Kunsthandwerkern, sehenswerten alten Bauernhöfen und historischer Kirche (St. Peter). Eine kleine Rundfahrt durch die urigen Gassen sei hiermit empfohlen, sofern man sich durch Kopfsteinpflaster nicht abschrecken lässt.
Einst war Højer sehr deutsch geprägt und man lebte u.a. von Fischfang, (See-)Handel, Handwerk, Industrie und Deichbau. Jede Menge Informationen über Deiche, Sturmfluten und die Marsch bekommt man im **Mühlen- und Marschmuseum** in der **Højer Mühle**, in der man auch das noch intakte Mahlwerk besichtigen kann.

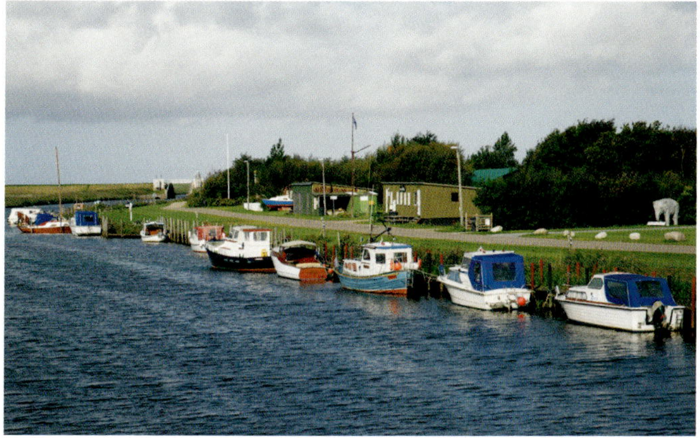

Am kleinen Hafen von Højer
Højers lille havn

og arbejde på Vidåen og på Rudbøl Sø. Den lille nabohavn benyttes i dag af mange fritidssejlere og sportsfiskere.

Højer
Højer præsenterer sig som idyllisk by med smukke huse, mange kunsthåndværkere, som for eksempel Højer Lys, hvor man selv kann prøve at dryppe lys, seværdige gamle bondegårde og den historiske kirke, St Peder Kirke. En lille rundtur gennem Højers små kringlede gader kan anbefales, medmindre man afskrækkes af gadernes brostenslag.
Engang var Højer stærkt tyskpræget, og indbyggerne levede af fiskeri, (sø-)handel, håndværk, industri og digebygning. I **Højer Mølle** med dens velbevarede mølleinventar finder du i **Mølle og Marskmuseum** mange flere oplysninger om diger, stormfloder og marsken. Den maleriske trævindmølle er en af de højeste svikhollændermøller fra 1857 i Nordeuropa, og fra møllens

Von dem alles überragenden Galerieholländer, der höchsten Holz-Windmühle Nordeuropas von 1857, hat man eine herrliche Aussicht über die Stadt und die Umgebung.

Ein Schauspiel ganz besonderer Art, für das Højer bekannt ist, stellt sich hier jedes Jahr im Frühling und Herbst zum Vogelzug ein, wenn abertausende Stare im Formationsflug den weiten Himmel über der Marsch mit wolkenartigen, sich blitzschnell verändernden Gebilden verzaubern. Allein für dieses imposante Phänomen der „Schwarzen Sonne“ reisen aus Kopenhagen die begeisterten Zuschauer in Sonderzügen an.

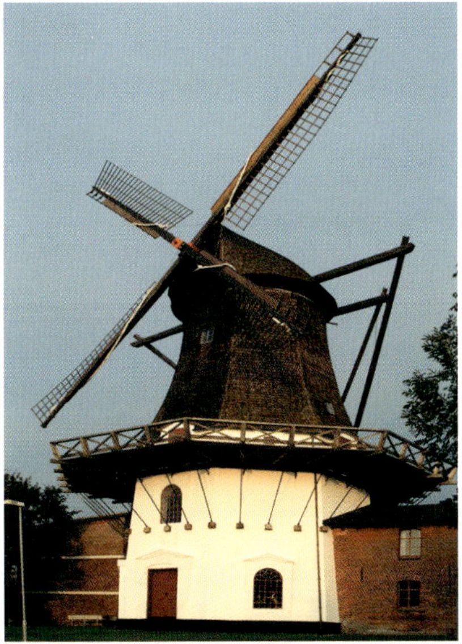

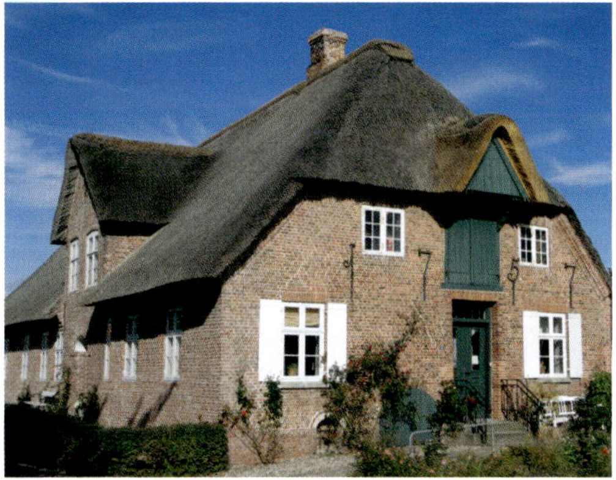

Reetdachhaus in Højer
Stråtækt hus i Højer

omgang har man en flot udsigt over byen og oplandet.

Højer er desuden berømt for et meget specielt naturfænomen, “Sort Sol”. Hvert forår og efterår samles tusindvis af stære i store flokke over marsken og antager uendeligt mange formationer, et skuespil, som tiltrækker begejstrede tilskuere helt fra København.

Højer Mühle
Højer Mølle

Ausflugstipp (9 km):
Ein lohnenswerter Abstecher führt zur **Ruine der Trøjborg**. Das von einem doppelten Burggraben umgebene Renaissance-Schloss wurde 1580 erbaut, aber 1854 leider zum Großteil abgerissen. Die einsam und romantisch gelegene Ruine strahlt eine besondere Faszination aus.

Rodenäs

Zwischen den Ortsteilen Neudorf und Oldorf steht die spätromanische Kirche mit separatem Glockenturm. Teile der Kirche stammen aus der untergegangenen Kirche zu Rickelsbüll.

Die zerstörerische Macht der Sturmfluten prägt die Westküste bis heute. Der alte Wiedingharder Koog, in dem Sie sich hier bewegen, nimmt dabei eine Sonderstellung ein. Er war 1436 der

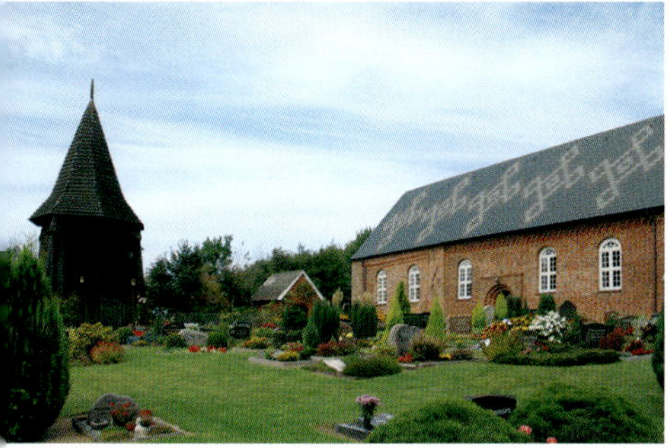

Kirche zu Rodenäs
Rodenäs kirke

Afstikker fra ruten (9 km):
En lidt speciel afstikker fra Grænseruten er Trøjborg Slotsruin. Trøjborg blev opført som renæssance-slot med dobbelt vandgrav i 1580, men blev desværre for en stor dels vedkommende revet ned i 1854. Den ensom og romantisk beliggende ruin udstråler en helt speciel fascination.

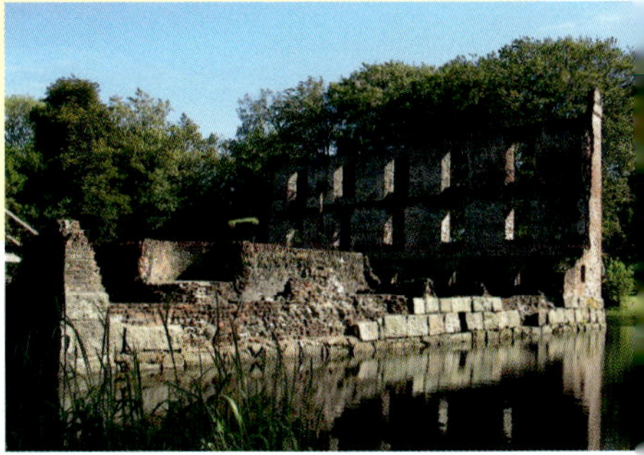

Schlossruine Trøjborg
Trøjborg Slotsruin
Foto: Corm Casper

Rodenæs

Mellem bydelene Neudorf og Oldorf ligger den senromanske kirke med separat klokketårn. Dele af kirken stammer fra Rickelsbüll kirke, der blev skyllet væk under en stormflod. Også i dag er Vestkysten præget af stormflodens enorme ødelæggende kraft. Et af de områder, der er specielle i den sammenhæng, er den gamle Wiedingharder Koog, som du nu er kommet til: Kogen var den første ved Nordsøkysten, som 1436 var beskyttet af et ringdige. “Deich- und

erste mit einem Rundumdeich geschützte Koog an der Nordseeküste. Viel Wissenswertes über den Deichbau findet man im **Deich- und Sielmuseum** in Neukirchen.

Mit einem bunt gemischten Kulturprogramm sorgt das **Kulturzentrum Charlottenhof** in Osterklanxbüll für Abwechslung. (Aktuelle Veranstaltungen erfahren Sie unter Tel. +49 4668 92100).

Etwas nördlich von Rodenäs lebte in den 1930er Jahren Carsten A. „mitten auf der Grenze". Das Haus stand in Deutschland, ein Teil des Gartens lag bereits in Dänemark. Carsten A. war Kommunist und verhalf nach Hitlers Machtergreifung 1933 vielen Regimegegnern zur Flucht über die Grenze. Er ließ sie vorn zur Tür hinein und wies ihnen nachts hinten im Garten die Richtung zum nächsten Dorf in Dänemark. So brachten sie sich über Felder und Gräben hinweg in Sicherheit. Auch nach Kriegsende wurde sein Heim auf der Grenze nochmals „genutzt": Kein geringerer als Gustav

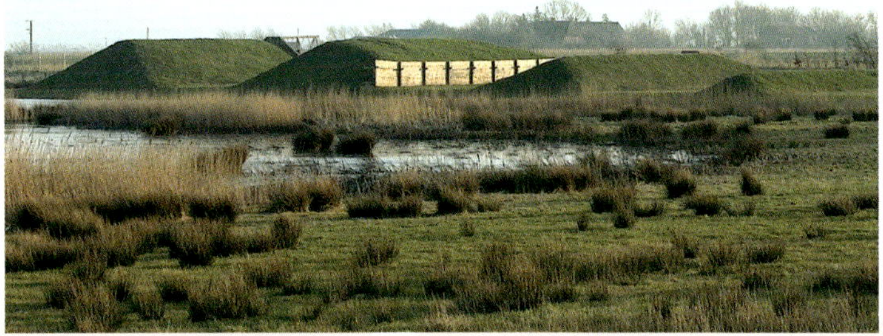

Deich- und Sielmuseum in Neukirchen
Deich- und Sielmuseum i Neukirchen
Foto: Corm Casper

Sielmuseum" i Neukirchen fortæller mere om dette og digernes historie.

Kulturcentrum Charlottenhof i Osterklanxbüll byder med en lang række arrangementer af forskellig slags på afveksling. (Aktuelt program oplyses på telefon + 49 4668 92100.)

Lidt nord for Rodenæs levede Carsten A. i 1930'erne bogstaveligt talt på grænsen. Hans hus lå i Tyskland, en del af hans have lå i Danmark. Carsten var kommunist, og efter Hitlers magtovertagelse i 1933 hjalp han mange af Hitler-regimets modstandere til at flygte over grænsen. Han lukkede dem ind ad fordøren, og om natten viste han dem i haven, i hvilken retning de skulle gå for at nå til nærmeste landsby i Danmark. Også efter krigens afslutning blev hans hus brugt til ulovlig grænsepassage: Ingen ringere end senere forbundspræsident Gustav Heinemann

Heinemann, der spätere Bundespräsident, wählte diesen Weg zu einer Konferenz in Kopenhagen – in Ermangelung eines Passierscheins der britischen Besatzungsmacht.

Zwischen Rudbøl und Møgeltønder passiert man in der weiten, flachen Marschlandschaft mehrere auf Warften (künstliche Erderhebungen) liegende stolze Marschbauern-Gehöfte. Am südlichen Horizont ist der alte Deich am Magisterkoog zu erahnen. Hier wohnte Emil Nolde ab 1916. Er zog jedoch 1927 auf die südliche Seite der Grenze, weil nördlich der Grenze die amphibische Landschaft, die er so liebte, verschwand. Einen Großteil des Jahres waren hier weite Landstriche von der Wiedau überflutet. Die Entwässerung der Marsch nahm ihm das schöne Panorama. Sein Protest und sogar von ihm skizzierte Alternativen konnten das Projekt nicht verhindern. Leider wurde 1933 südlich der Grenze mit dem Bau des Schöpfwerkes Verlath (Rosenkranz,

Gehöft auf einer Warft in der Marsch bei Møgeltønder
Gård på en værft i marsken ved Møgeltønder

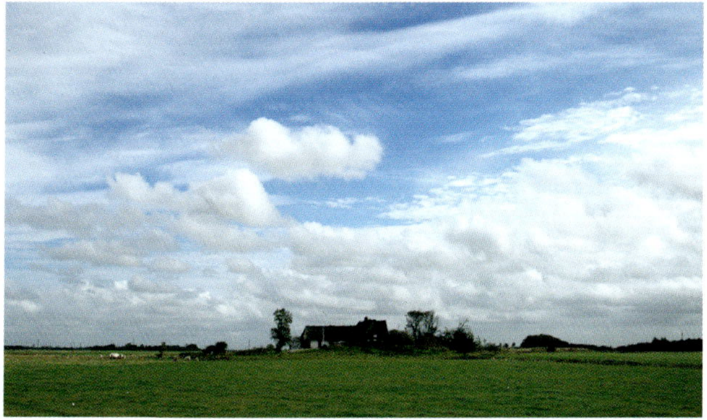

måtte i mangel af gyldig passerseddel fra den britiske besættelsesmagt ty til Carstens private grænseovergang for at deltage i en konference i København.

Mellem Rudbøl og Møgeltønder fører Grænseruten over det vide, flade marskland forbi et større antal gårde, som er bygget på værfter, menneskeskabte forhøjninger, i marsklandskabet. Mod den sydlige horisont kann anes det gamle dige ved Magisterkog. Her boede Emil Nolde fra 1916 frem til 1927, da han flyttede syd for grænsen, fordi det amfibiske landskab han elskede nord for grænsen, forsvandt. En stor del af året var vide dele af landskabet oversvømmet af Vidåen. Afvandingen af marsken fratog ham dette smukke panorama. Hverken hans protester eller hans forslag til alternativer kunne forhindre gennemførelsen af afvandingsprojektet. Men heller ikke syd for grænsen var Noldes glæde over panoramaet permanent. I 1933 blev af-

Aventofter Landstraße) ebenfalls die Entwässerung vorangetrieben, so dass Nolde bald auch dort auf sein geliebtes Panorama verzichten musste.

Møgeltønder

Westlich von Tønder liegt das pittoreske Dorf Møgeltønder mit der schönsten Dorfstraße Dänemarks und dem Schloss Schackenborg aus dem Jahre 1664. Das Schloss war über 300 Jahre in den Händen der Grafen zu Schack, bevor es 1993 an den jüngsten Sohn der dänischen Königin, Prinz Joachim, übergeben wurde. Im Sommer finden Führungen durch den Schlossgarten statt. Einen Besuch sollte man auch der etwa 800 Jahre alten St.-Nikolaj-Kirche abstatten, in der man neben Dänemarks ältester Dorfkirchenorgel auch üppige Fresken und weitere sakrale Kunstwerke aus Renaissance und Mittelalter besichtigen kann.

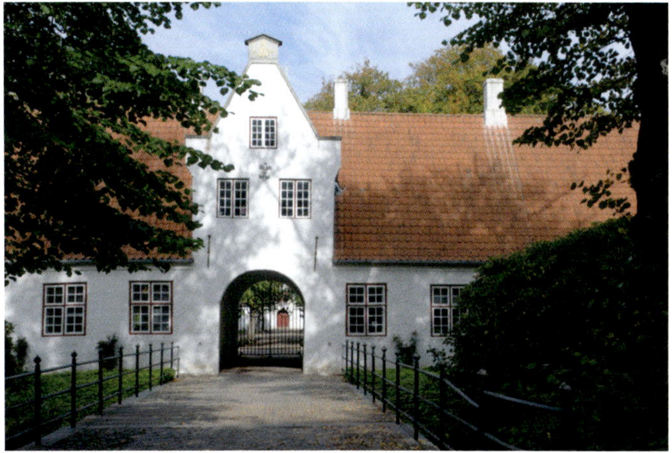

Torhaus von Schloss Schackenborg
Schackenborg Slot

vandingen af denne marsk indledt med opførelsen af pumpestationen Verlath ved Aventofter Landstraße i Rosenkranz.

Møgeltønder

Vest for Tønder ligger den maleriske landsby Møgeltønder med Danmarks smukkeste landsbygade og Schackenborg Slot fra 1664. Slottet var i over 300 år i Greverne Schacks eje, før det i 1933 blev overdraget til Prins Joachim, Dronning Margrethes yngste søn. Om sommeren er der mulighed for guidede ture gennem slotshaven. Også landsbyens 800 år gamle St. Nikolaj Kirke er et besøg værd. Kirken har foruden Danmarks ældste landsbykirkeorgel også smukke freskomalerier og inventar fra både renæssancen og middelalderen.

Auf der Grenzroute kommt man durch zwei völlig verschiedene Bereiche des Dorfes. Im südlichen Teil liegt das eigentliche Bauerndorf mit den alten reetgedekkten Höfen der Freibauern. Manche der Gebäude im friesischen Stil stammen aus dem 17. Jh.

Ganz anders präsentiert sich die breite gepflasterte Schlossstraße in der Dorfmitte. Viele der in sehr homogenem Stil errichteten Häuser entlang der von Linden gesäumten Straße beherbergten ehemals das Personal des Gutshofes, der zum ursprünglich „Møgeltønderhus“ genannten Schloss gehörte. Zwischen den früher überwiegend deutsch gesinnten Städten Tønder und Højer war Møgeltønder eine dänische Enklave.

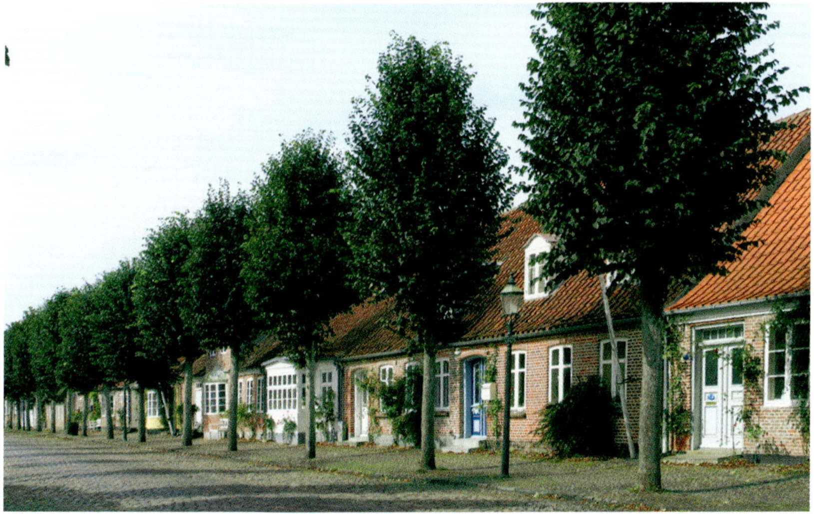

Dänemarks schönste Dorfstraße, die Schlossstraße in Møgeltønder
Danmarks smukkeste landsbygade, Stotsgade i Møgeltønder

På Grænseruten kommer du igennem meget forskelligartede områder af byen. Den sydlige ende er landsbyens egentlige bondelandsby med fribøndernes gamle stråtækte gårde. Mange af disse lave huse i frisisk byggestil stammer fra det 17. århundrede. Den brostensbelagte Slotsgade i landsbyens centrum giver et helt andet indtryk. Her i disse meget ensartede huse langs en lindeallee boede ansatte på det gods, der hører til Schackenborg Slot, som oprindeligt hed Møgeltønderhus.

Engang lå Møgeltønder som en dansk enklave mellem de tysksprægede byer Højer og Tønder. Her gjaldt kongerigets love og ikke, som

Hier galten die Gesetze des Königreiches und nicht wie rundherum die des Herzogtums Schleswig. Während es in Tønder beispielsweise Zensur gab, herrschte hier Meinungsfreiheit.

Ausflugstipp (2 km):

Bei Gallehus, nördlich von Møgeltønder, liegt der Fundort der berühmten **Goldhörner von Gallehus** (Gallehus, Guldhornsvej). Zwei Gedenksteine (Guldhornene) erinnern dort an die ca. 3 kg schweren Hörner aus purem Gold, die 1639 und 1734 gefunden wurden. Die Datierung der Artefakte auf 400 n. Chr. ist vage, da die originalen Goldhörner 1802 aus der königlichen Kunstkammer gestohlen und eingeschmolzen wurden.

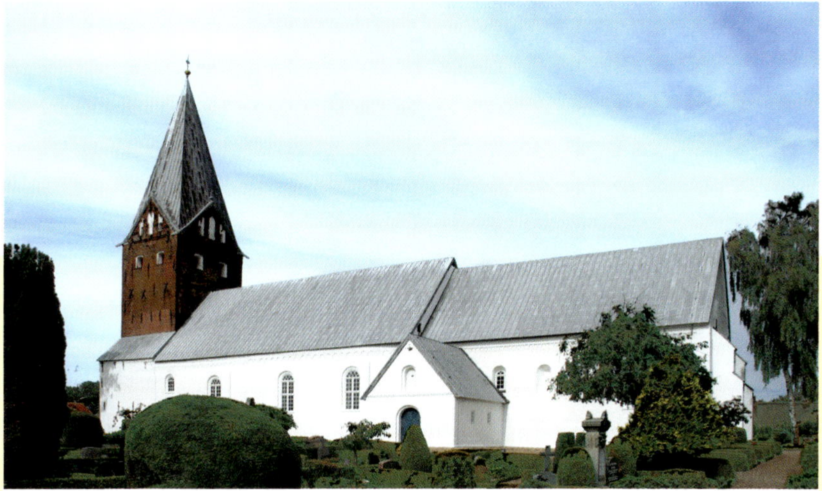

St.-Nikolaj-Kirche zu Møgeltønder
St. Nikolaj Kirke i Møgeltønder

det var tilfældet for nabobyerne, hertugdømmet Slesvigs love.
Eksempelvis herskede der ytringsfrihed i Møgeltønder, mens Tønder stadig var underlagt censur.

Afstikker fra ruten (2 km):

I Gallehus (Gallehus, Guldhornsvej) nord for Møgeltønder er findestedet for de berømte Guldhorn markeret. De to guldhorn vejede ca. 3 kg hver og blev fundet med godt 100 års mellemrum, nemlig 1639 og 1734. Guldhornene var fremstillet af rent guld og er med nogen usikkerhed dateret tilbage til 400 år e. Kr., da de originale guldhorn i 1802 blev stjålet fra det kongelige kunstkammer og smeltet om. På

Kopien kann man im Tønder-Museum besichtigen.

Tønder, die Hauptstadt der Marsch, ist seit jeher ein geschäftiges Handelsstädtchen. Die Stadtrechte erhielt es bereits im Jahr 1243. Im Mittelalter und während der Renaissance hatte Tønder als Hafen- und Umschlagplatz für Ochsen und Pferde große Bedeutung. Wegen zunehmender Versandung musste der Hafen jedoch aufgegeben werden. Im 18. Jh. gelangte die Stadt durch Klöppelspitzen zu weltweiter Berühmtheit. Über 12 000 Frauen und Mädchen waren in und um Tønder mit diesem Textilhandwerk beschäftigt, und die vielen reichen Händler ließen Patrizierhäuser bauen, die man heute im Stadtzentrum bewundern kann. Alle drei Jahre findet in Tønder ein Klöppelfestival mit bis zu 700 Teilnehmerinnen statt. Weithin bekannt ist Tønder auch für sein

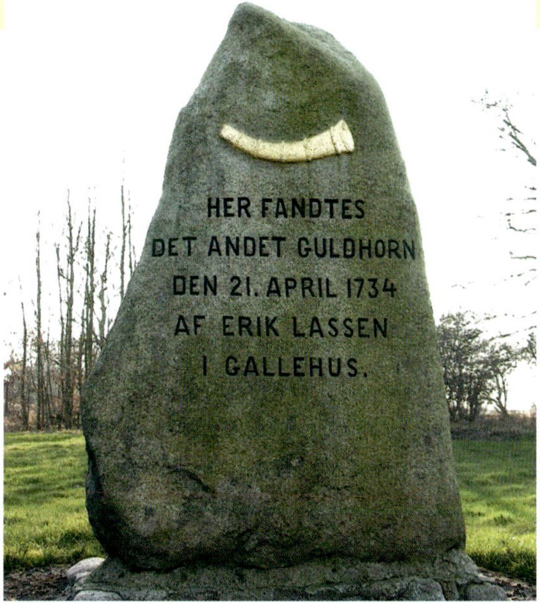

Tønder Museum er guldhornene udstillet i kopi.

Tønder, marsklandets “hovedstad” har alle dage været en driftig handelsby og har siden 1243 haft købstadsrettigheder. I middelalderen og under renæssancen havde Tønder stor betydning som havneby og handelsplads for heste- og kreaturhandel. Men havnen sandede med tiden til og måtte opgives helt. I det 18. århundrede blev Tønder berømt over hele verden for sine fine kniplinger. Over 12 000 kvinder og piger i og omkring Tønder arbejdede med at fremstille det fine tekstilhåndværk, og de rige handlende lod opføre patricierhuse, som man stadig kan beundre i byens centrum. Hvert tredje år afholdes i Tønder kni-

Gedenkstein am Fundort der goldenen Hörner
Mindesten ved findestedet for Guldhornene
Foto: Gorm Casper

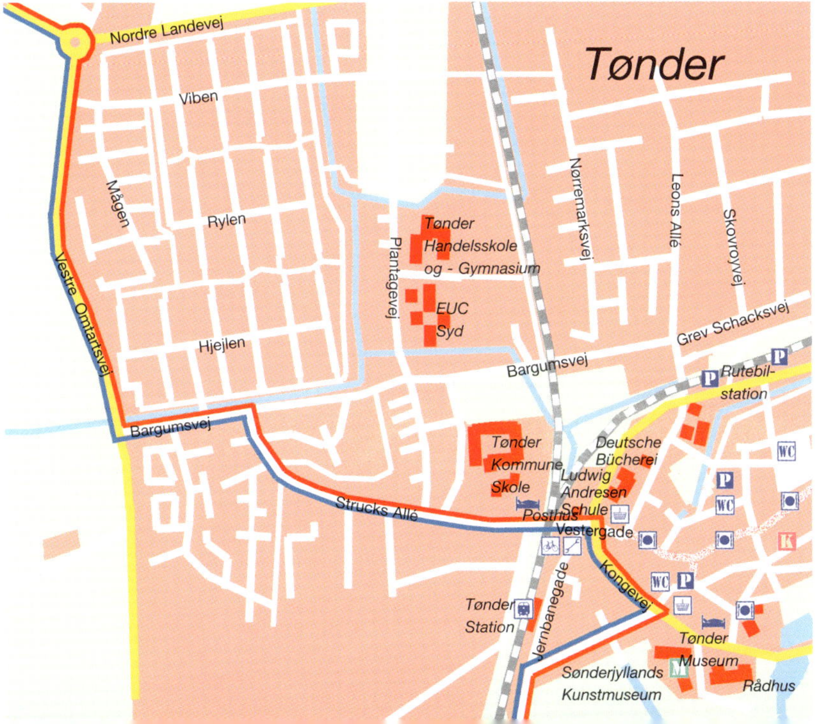
Tønder
Nordre Landevej
Viben
Mågen
Rylen
Vestre Omfartsvej
Hjejlen
Bargumsvej
Plantagevej
Tønder Handelsskole og - Gymnasium
EUC Syd
Nørremarksvej
Leons Allé
Skovroyvej
Grev Schacksvej
Bargumsvej
Rutebil-station
Tønder Kommune Skole
Deutsche Bücherei
Ludwig Andresen Schule
Strucks Allé
Posthus
Vestergade
Kongevej
Jernbanegade
Tønder Station
Tønder Museum
Sønderjyllands Kunstmuseum
Rådhus

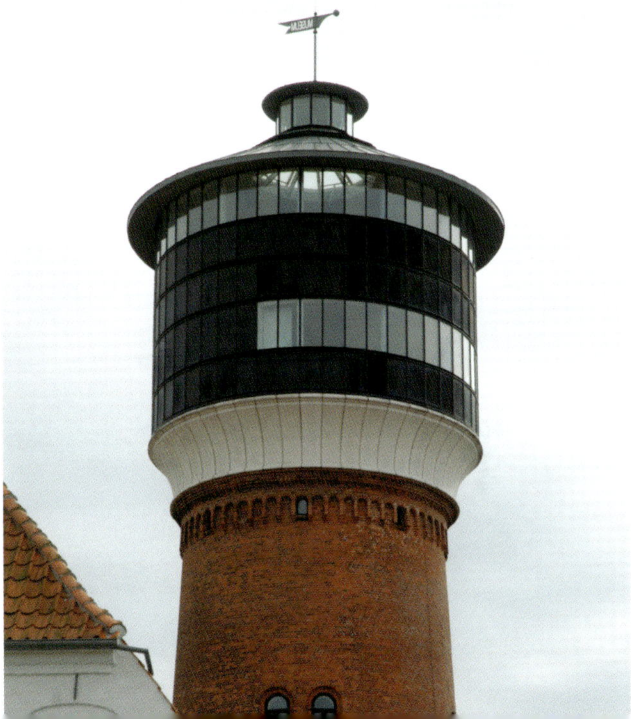

Folk- und Jazz-Festival – dem größten in Skandinavien – und für die attraktiven Museen.

Das kulturhistorische Museum (Wegners Plads 1) zeigt unter anderem eine große Sammlung von Tischsilber aus hiesigen Werkstätten, Klöppelspitzen, Möbeln und holländischen Fliesen, während das angegliederte Sønderjylland-Kunstmuseum das Hauptmuseum für Kunst im Landesteil Sønderjylland ist. Drøhses Hus (Storegade 14) in der Fußgängerzone beherbergt eine Sonderabteilung des

plingsfestival med op imod 700 deltagere. Tønder er også vidt berømt for sin internationale folkfestival, den største af sin art i Skandinavien, og for sine spændende museer.

På det Kulturhistorie Tønder (Wegners Plads 1) vises bl.a. en stor samling bordsølv fra lokale sølvsmede, kniplinger, møbler og hollandske fliser, mens Sønderjyllands Kunstmuseum, som er bygget i direkte forbindelse med Tønder Museum, er landsdelens hovedmuseum for kunst. Drøhses Hus i gågaden (Storegade 14) er en underafdeling af Tønder Museum og viser kniplinger, møbler og fajance.

Tønder er i dag umiskendeligt en dansk handelsby, selv om

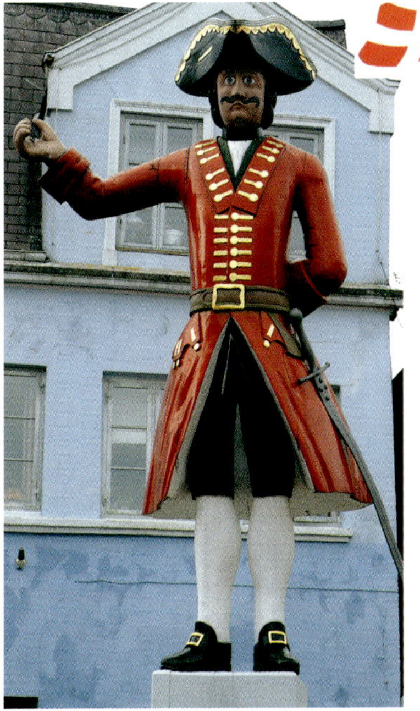

Museums mit Sammlungen von Klöppelspitzen, Möbeln und Fayencen.

Die Stadt erscheint dem Besucher heute als unzweifelhaft dänische Handelsstadt – obwohl die Stadtgeschichte sehr deutsch geprägt war, mit starken kulturellen und wirtschaftlichen Verbindungen nach Süden. Die Schul- und Kirchensprache war fast durchgängig Deutsch, und bei der Volksabstimmung 1920 stimmten hier fast 75 % für Deutschland. Entsprechend groß war die Enttäuschung, dass die Grenze dann doch südlich von Tønder verlief. Bis zu Hitlers Machtergreifung führten Deutsche und Dänen trotzdem eine friedliche Koexistenz. Während der Nazizeit verschärfte sich der Umgangston und auch in den Nachkriegsjahren war das Verhältnis problematisch. In den 50er Jahren entspannte sich die Situation und das deutsche kulturelle Leben bekam wieder seinen Platz in Tønder. In der Stadt findet man heute auch deutsche Institutionen wie Schule, Kindergarten, Bücherei und eine deutsche Kirchengemeinde

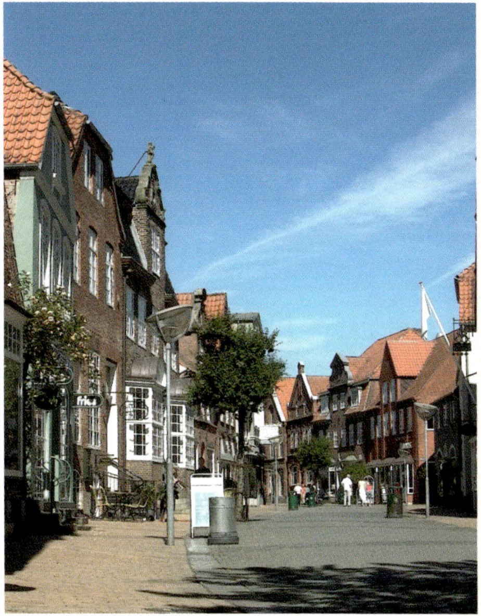

Tønder, Vestergade
Foto: Gorm Casper

byens historie, kultur og erhverv har været stærkt tysk præget og haft stærke kultur- og handelsforbindelser mod syd. Skole- og kirkesproget var tysk, og ved folkeafstemningen i 1920 stemte godt 75 % af indbyggerne for Tyskland. Tilsvarende stor var skuffelsen, da grænsen så alligevel blev fastlagt syd om Tønder. Alligevel levede tyske og danske i fredelig sameksistens, indtil Hitler overtog magten i Tyskland. Under naziregimet blev omgangstonen hårdere, og også i efterkrigsårene var forholdet problematisk. I 50'erne løstes der igen op for problemerne, og det tyske mindretals kulturelle liv fik igen plads i Tønder. I dag findes der også tyske institutioner i Tønder, såsom skole, børnehaver og bibliotek, desuden en tysk menighed og adskillige tyske foreninger. Stridsøksen er begravet, og samlivet de to nationaliteter imellem er forbilledligt.

sowie mehrere deutsche Vereine. Das Kriegsbeil des Grenzkampfes ist begraben und das Zusammenleben der beiden Nationalitäten ist vorbildlich.

Nördlich von Tønder bietet das **Zeppelinmuseum** eine ungewöhnliche Ausstellung. Funde, Fotos und Rekonstruktionen vermitteln einen Eindruck des größten deutschen Marineluftschiffhafens in Nordeuropa, der sich hier von 1914–1920 befand. Auch eine Sammlung über die Zeit der dänischen Garnison, die hier von 1920–1936 beheimatet war, ist zu besichtigen (Tønder, Gasværkvej 1, nur Sa. und So.).

Das privat betriebene **Grenzlandmuseum** (Sæd, Sønderløgum Landevej 9, nur Sa. u. So.) am Grenzübergang Böglum/Sæd, südwestlich von Tønder, zeigt in einer liebevoll gestalteten Ausstellung alles über die Grenzkontrollen, die Grenzgeschichte und die deutsche Besetzung im April 1940.

Nord for Tønder finder du på **Zeppelinmuseet** en lidt usædvanlig udstilling. Diverse fund, fotos og rekonstruktioner, der tilsammen fortæller historien om den største tyske marineluftskibsbase i Nordeuropa, som lå her i årene 1914–1920. Her finder du også en udstilling, der fortæller om den danske Garnison, der havde til huse her fra 1920–1936. Udstillingerne er kun åbne lørdag/søndag (Tønder, Gasværkvej 1).

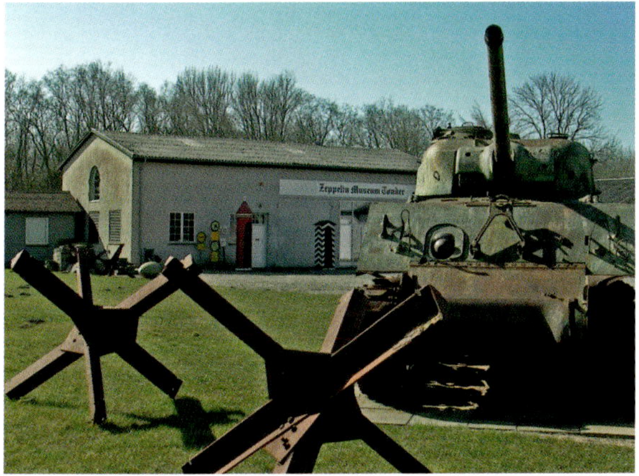

Zeppelinmuseum
Zeppelin Museum
Foto: Gorm Casper

Sydvest for Tønder ved grænseovergangen Bøglum/Sæd finder du et fint lille privatejet museum, **Grænselandsmuseet** på Sønderløgum Landevej 9, åbent lørdag/søndag. En omhyggeligt sammensat udstilling giver indblik i grænsekontrol, grænsehistorie og den tyske besættelse i april 1940.

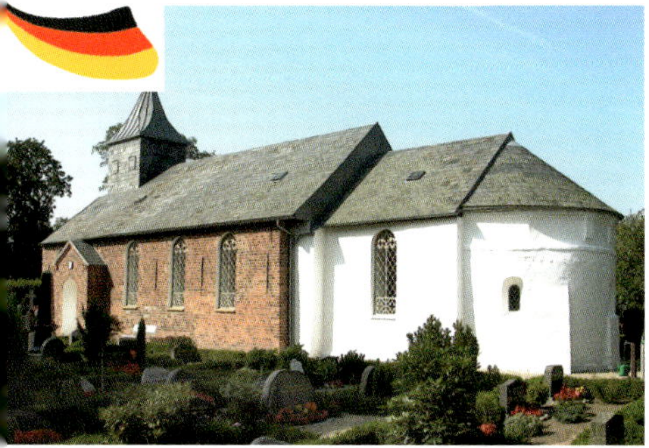

Kirche zu Ubjerg
Ubjerg kirke
Foto: Gorm Casper

Zwischen Tønder und Aventoft erhebt sich aus der flachen Landschaft das Dorf **Ubjerg**. Neben Dänemarks ältestem Pfarrhof von 1675 steht die romanische Kirche aus dem 12. Jh. mit sehenswerten Deckengemälden von 1747 und einem Kruzifix von 1525.
Etwas westlich von Ubjerg liegt der imposante Marschenhof **Bjerremark** (erbaut 1842 und 1872 (Hauptflügel), der heute ein Konferenz- und Seminarzentrum des nordschleswigschen Schuhfabrikanten ecco beherbergt.

Aventoft war ursprünglich ein Fischerdorf inmitten einer weiten Seenlandschaft. Diese verschwand mit der Entwässerung der Marschen. Bei einem Rundflug mit einem Segelflugzeug vom nahe gelegenen Segelflugplatz (**Segelflugplatz Aventoft**, Westerunterland, Tel. +49 4668 590) kann man sich die Seen rund um das Dorf

Mellem Aventoft og Tønder hæver en landsby sig op over det flade marsklandskab, **Ubjerg**.
Foruden Danmarks ældste præstegård fra 1675 findes der også en romansk kirke fra det 12. århundrede med seværdige loftsmalerier fra 1747 og korset fra 1525.
Lige vest for Ubjerg finder du den imponerende marskgård, **Bjerremark**, bygget i 1842 og 1872 (hovedfløjen), og som idag er den sønderjyske skofabrik Ecco's kursus- og konferencecenter.

Aventoft var oprindelig en fiskerby, som lå midt i et søområde. Søerne forsvandt, da afvandingen af marsken blev indledt. Men tager man på rundtur med svævefly (Segelflugplatz Aventoft, Westerunterland, tlf. +49 4668 590), kan man sagtens forestille

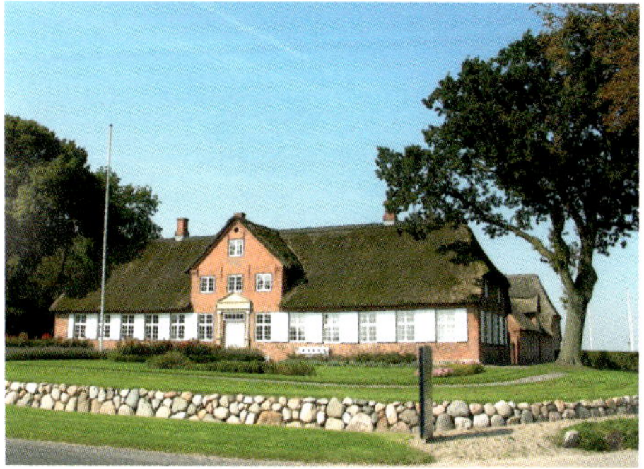

Bjerremark
Foto: Gorm Casper

noch gut vorstellen. Die Fischer bekamen aber bereits 1920 Probleme, denn mit der Grenzziehung verloren sie ihren Absatzmarkt in Tønder.
Heute prägen in Aventoft neben der Kirche aus dem 13. Jh. und dem sehenswerten Dorfkern vor allem die Geschäfte des Grenzhandels das Bild des Dorfes.

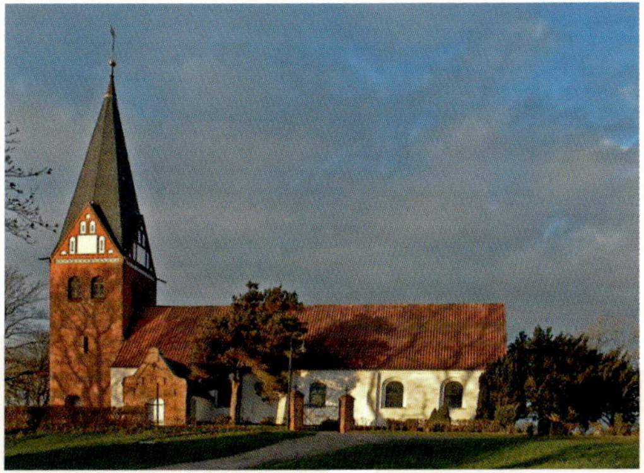

Kirche zu Aventoft
Aventoft kirke
Foto: Gorm Casper

In **Aventoft** finden sich heute kaum noch Relikte der Grenzkontrollen – wie fast überall entlang der 69 km langen Landesgrenze. Aber immerhin steht hier noch das alte Zollamt, denn dessen Errichtung gestaltete sich nach der Grenzziehung 1920 schwer genug. Das Grundstück für das Gebäude wollte der Besitzer, ein Bauer aus dem Dorf, damals partout nicht verkaufen. Also strengte man ein Einigungsverfahren an. In diesem legte der Anwalt des Bauern das gutachterlich untermauerte Problem dar, dass der Bauer seinen Misthaufen nicht mehr benutzen könne, wenn das geforderte Grundstück an den Zoll ginge. Der nötige Wendeplatz für sein Pferdefuhrwerk zum Heranfahren an

sig søerne, som engang omkransede landsbyen. Men fiskernes problemer begyndte allerede i 1920, hvor grænsedragningen bl. a. bevirkede, at de ikke længere kunne afsætte deres fangst i Tønder.
I dag er det, derpræger landsbybilledet, kirken fra det 13. århundrede, den seværdige bykerne med de smukke stråtække huse og ikke mindst grænsebutikkeerne.

I **Aventoft** er der i dag, som ved resten af den 69 km lange landegrænse, ikke mange spor af grænsekontrollen mere. Den gamle toldbygning står her dog endnu, efter den på besværlig vis blev opført efter grænsedragningen i 1920. Grunden, som den er opført på, tilhørte en landmand, som absolut ikke ønskede at sælge. Derfor blev der indledt en ekspropriationssag mod landmanden. I sagsbehandlingen gjorde landmandens advokat indsigelse mod ekspropriationen af grunden med den begrundelse, at skulle landmanden sælge jorden fra, ville han ikke længere kunne bruge sin mødding. Der ville simpelthen være for lidt plads til at køre hestevognen i stilling og få læs-

den Misthaufen sei dann nicht möglich. Daraufhin wurde ein „Probemistfahren“ anberaumt, durchzuführen vom Zollinspektor, bezeugt vom Gemeindevorsteher. Der eigens dafür erstellte Grundstücksplan gab die mit leeren und beladenen Dungwagen zu absolvierenden Probefahrten farbig exakt vor. Leider kam es nicht mehr zum Praxistest, da rund um den Misthaufen bereits das Baumaterial für das neue Zollgebäude lagerte. Schließlich beendete man das Verfahren mit einem Vergleich und konnte 1924 das Zollamt errichten.

Süderlügum und Binnendünen
siehe Seite 28

set af. Derfor blev der givet ordre til en prøve-møgkørsel, hvor toldinspektøren skulle køre hestevognen og borgmesteren være vidne. Alene til dette formål blev der udarbejdet en tegning over hele grunden, hvorpå prøvekørsel både med og uden møglæs var nøjagtigt indtegnet. Men det kom aldrig så langt som til en prøvekørsel, for i mellemtiden var byggematerialerne til den nye toldbygning blevet leveret og sat af ved møddingen. Dermed endte sagen med forlig, og i 1924 blev toldbygningen opført.

Süderlügum og indlandsklitter
se ligeledes s. 28

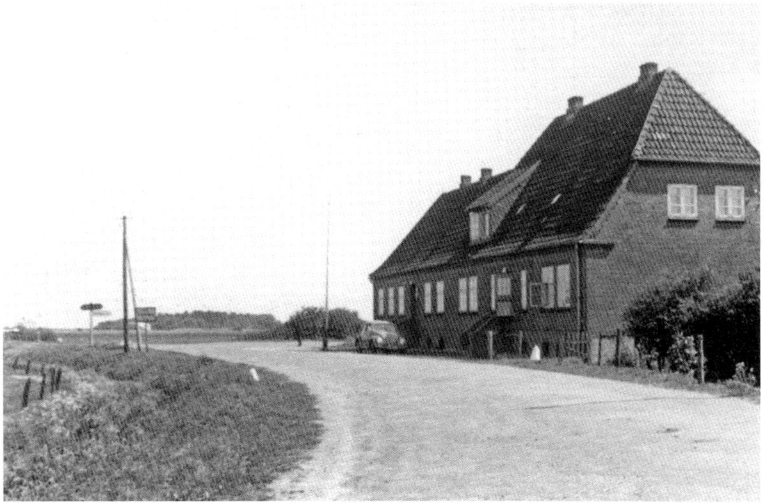

Altes Zollhaus in Aventoft
Gamle toldbygring i Aventoft
Foto: “Archiv”

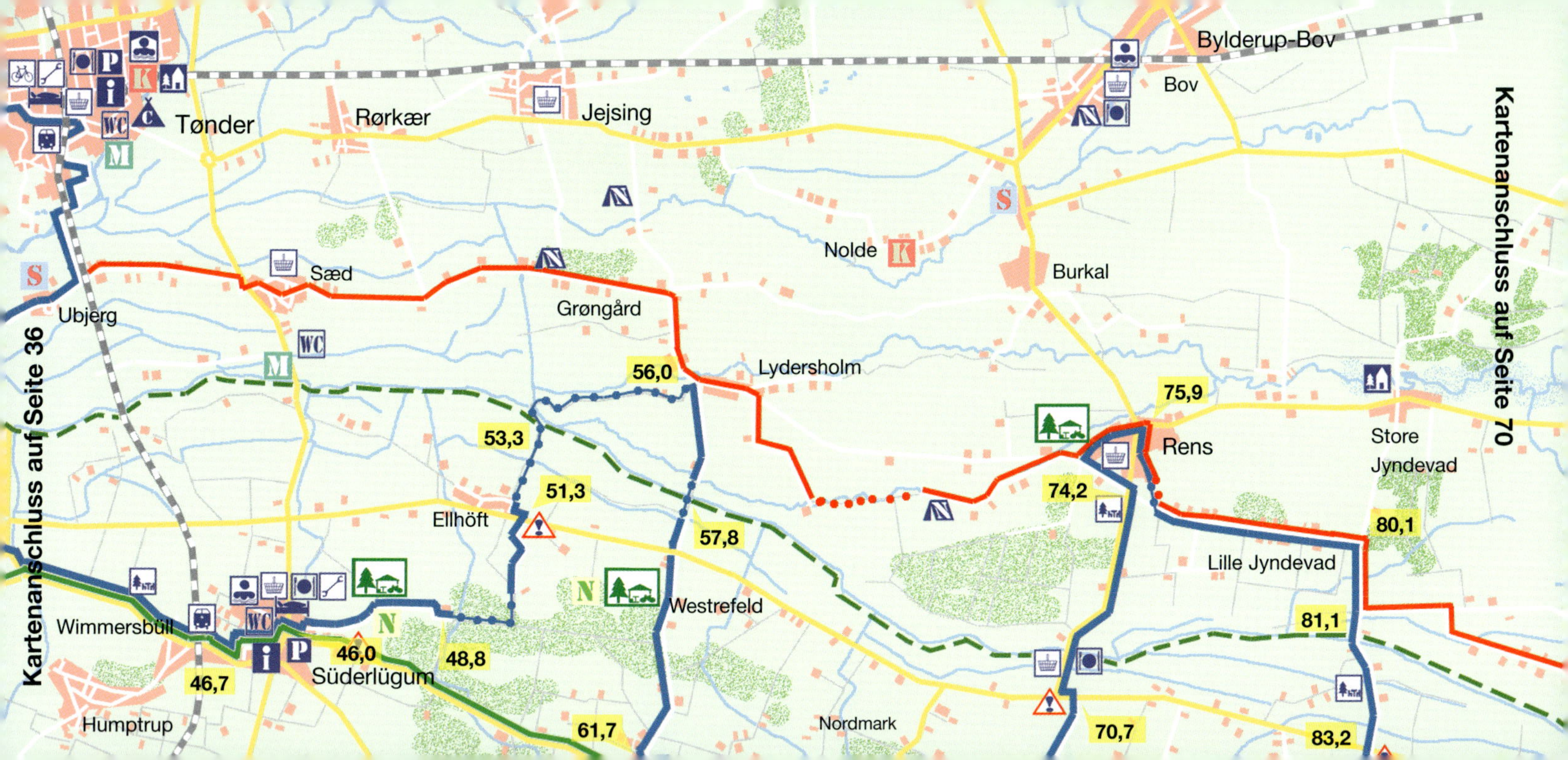

Kartenanschluss auf Seite 36
Kartenanschluss auf Seite 70
Tønder
Rørkær
Jejsing
Bylderup-Bov
Bov
Nolde
Burkal
Sæd
Ubjerg
Grøngård
Lydersholm
Rens
Store
Jyndevad
Lille Jyndevad
Ellhöft
Westrefeld
Wimmersbüll
Süderlügum
Humptrup
Nordmark
56,0
53,3
51,3
57,8
75,9
74,2
80,1
81,1
46,0
48,8
46,7
61,7
70,7
83,2

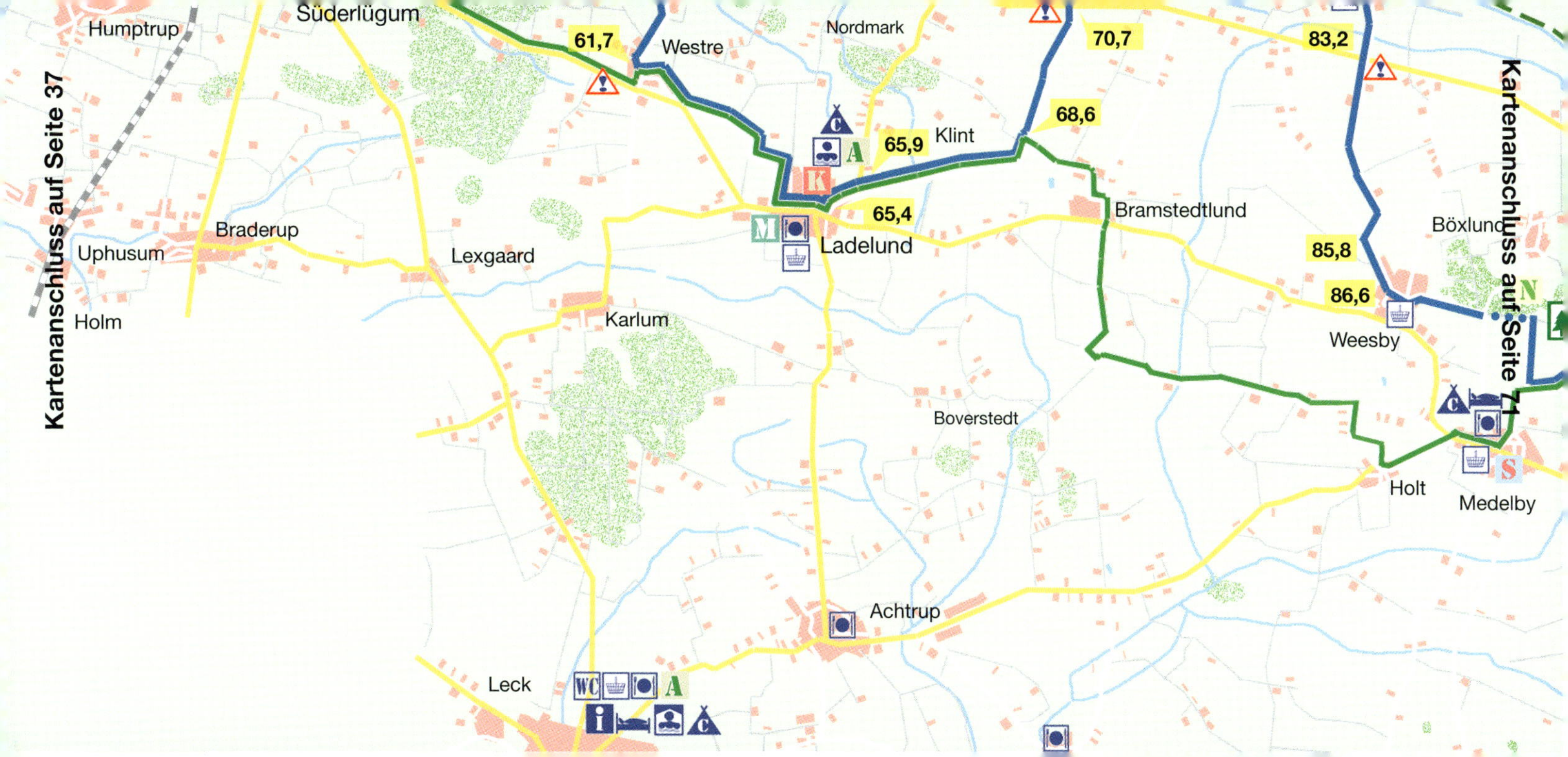

Kartenanschluss auf Seite 37
Humptrup
Süderlügum
61,7
Westre
Nordmark
70,7
83,2
Kartenanschluss auf Seite 71
65,9
Klint
68,6
65,4
Bramstedtlund
Böxlund
Braderup
Uphusum
Lexgaard
Ladelund
85,8
86,6
Holm
Karlum
Weesby
Boverstedt
Holt
Medelby
Achtrup
Leck

Zweiter Routenabschnitt von Süderlügum nach Weesby

In **Süderlügum** biegen Sie bei **km 46,3** links in den *Osterweg* ein, radeln an den ***Binnendünen*** **(47,4 km)** vorüber und fahren bei **km 48,8** geradeaus in den Waldweg. Nach einem Kilometer biegen Sie in den ersten breiten Weg **(49,7 km)** links ein, schwenken an der Vorfahrtstraße nochmals nach links **(51,3 km)** und biegen an der nächsten Abzweigung in **Ellhöft** **(51,6 km)** rechts ab. Die Straße geht nach 200 m in einen Sandweg über. Sie radeln an einem ***Windpark*** vorbei, passieren mit einem Rechtsschwenk **(53,3 km)** die ***Alte Au*** (Grenzübergang) und folgen dem Sandweg durch eine weite, einsame Landschaft, in der sich Brachland, Weiden und kleine Gehölze abwechseln. In **Lydersholm** **(56,0 km)** erreichen Sie wieder Asphaltstraße, biegen scharf rechts ab in den *Bejerskrovej*, passieren ein weiteres Mal die Grenze **(57,8 km)**, überqueren bald darauf eine Vorfahrtstraße, biegen in **Westre** **(61,7 km)** links nach Ladelund ab und folgen den Radwegweisern bis **Ladelund**. Im Ort schwenken Sie links in die Vorfahrtstraße, radeln am ***Museum***, der ***Kirche*** und der Abzweigung zur ***KZ-Informations- und Begegnungsstätte*** vorbei. Neben der Tankstelle biegen Sie links ab **(65,4 km)** und schwenken

Anden ruteafsnit fra Süderlügum til Weesby

I **Süderlügum** drejer Du ved **km 46,3** til venstre ind på *Osterweg*, cykler forbi ***indlandsklitterne*** **(47,4 km)** og kører ved **km 48,8** ligeud ind i skovvejen. Efter 1 km drejer Du ind på den første brede vej **(49,7 km)**, drejer så ved hovedvejen endnu engang til venstre **(51,3 km)** og svinger i **Ellhöft** **(51,6 km)** ved den næste forgrening til højre. Gaden går efter 200 m over i en sandvej. Du cykler forbi en ***vindpark***, passerer med et højresving ***Gammelå*** **(53,3 km)** og følger sandvejen i det vide, ensomme landskab, hvor brak- og græsjord, krat og små skove afløser hinanden. I **Lydersholm** **(56,0 km)** kommer Du igen til en asfalteret vej, drejer skarpt til højre ind i *Bejerskrovej*, passerer endnu engang grænsen **(57,8 km)**, krydser snart derefter en hovedvej, drejer i **Westre** **(61,7 km)** til venstre i retning Ladelund og følger cykelvejviserne til **Ladelund**. I landsbyen svinger Du til venstre ind på hovedvejen og cykler forbi ***museet***, ***kirken*** og afkørslen til ***KZ-Informations- und Begegnungsstätte***. Ved siden af tankstationen drejer Du til venstre **(65,4 km)** og svinger ved **km 65,9** højre ind i ga-

bei **km 65,9** rechts in die Straße *Klint*. (Zum ***Naturbad*** mit Campingplatz [0,9 km] und zur ***Gedenk- und Begegnunsstätte*** fahren Sie geradeaus.)

An der Kreuzung *Westerweg* **(68,6 km)** trennen sich der Nord-Ostsee-Radweg und die Grenzroute. Sie fahren geradeaus weiter, radeln auf einer knickgesäumten Straße immer geradeaus, biegen bei **km 70,7** links in die *Grenzstraße* ein, schwenken gleich darauf an der nächsten Kreuzung in **Pepersmark** nach rechts (Wegweiser Rens) und überqueren an der ***Alten Au*** die Grenze **(71,7 km)**.

An der Kreuzung bei **km 74,2** biegen Sie links ein Richtung Lydersholm, schwenken in **Rens** **(75,0 km)** rechts in den *Sønderåvej* (hier verläuft die Grenzroute wieder gemeinsam mit dem Radweg Nr. 8), biegen an der nächsten Vorfahrtstraße *(Pebersmarkvej)* **(75,9 km)** rechts ein und nach 300 m vor dem ***hölzernen Gendarmen*** links in den *Rens Skolevej*, der bei der Schule in einen Sandweg übergeht. An der Vorfahrtstraße **(77,1 km)** biegen Sie links ab, schwenken an der folgenden T-Kreuzung **(80,1 km)** rechts in den *Grænsevej,* fahren in der Linkskurve der Straße **(81,1 km)** geradeaus (der Radweg Nr. 8 biegt hier links ab) und überqueren wenig später die Grenze. Bei **km 83,2** überqueren Sie ! vorsichtig die *Grenzstraße*, fahren geradeaus in die Straße *Norderfeld*, halten sich an der Vorfahrtstraße (**85,8 km)** links und erreichen **Weesby** **(86,6 km)**. Die weitere Wegbeschreibung beginnt auf Seite 72.

den *Klint* (til ***naturbadet*** med campingpladsen [0,9 km] og til ***mindestedet*** kører Du ligeud).

Ved krydset *Westerweg* **(68,6 km)** skilles Nordsø-Østersø Ruten og Grænseruten ad. Du kører videre ligeud, cykler på en vej med sidevoksende krat stadigvæk ligeud, tager ved **km 70,7** venstre ind i *Grenzstraße*, svinger straks ved næste kryds i **Pepersmark** til højre (vejviser til Rens) og krydser grænsen igen ved ***Gammelå*** **(71,7 km)**.

Ved krydset **(74,2 km)** drejer Du ind til venstre i retning Lydersholm, svinger i **Rens** **(75,0 km)** til højre ind i *Sønderåvej* (her følges Grænseruten igen ad med cykelvej nr. 8), drejer ved næste hovedvej *(Pepersmarkvej)* **(75,9 km)** til højre og efter 300 m foran ***trægendarmen*** til venstre i *Rens Skolevej*, som ved skolen går over i en sandvej. Ved hovedvejen **(77,1 km)** drejer Du af til venstre, svinger ved næste T-kryds **(80,1)** til højre ind i *Grænsevej*, kører ligeud, hvor gaden har et venstre-sving **(81,1 km)** (cykelvej nr. 8 drejer her af til venstre) og krydser igen lidt senere grænsen. Ved **km 83,2** krydser Du ! forsigtig *Grenzstraße*, kører ligeud ind i gaden *Norderfeld*, holder Dig ved hovedvejen **(85,8 km)** til venstre og ankommer i **Weesby** **(86,6 km)**.

Yderligere vejbeskrivelse begynder på side 72.

Sehenswertes zwischen Süderlügum und Weesby

Zwischen Ellhöft und Lydersholm bewegt man sich auf der Grenzroute durch ein uriges und einsames Wegestück. Man fühlt sich in dieser Abgeschiedenheit wie im Niemandsland. Nur am Horizont drehen sich ein paar Windmühlen in dem unendlich weiten Himmel, und man beginnt die Stille zu hören. Einzig der Kiesweg knirscht unter den Reifen.

Den Grenzübergang Vindtved passiert man fast unbemerkt. Keines der Grenzhäuschen, in denen sich früher die Gendarmen mit den Anwohnern zum Skat getroffen haben, ist übrig geblieben. Man hatte hier ein gutes Verhältnis zu den Grenzern und half sich gegenseitig. Schließlich wohnten sie meist mit im Dorf Ellhöft und arbeiteten oft mit ihren Familien bei der Ernte auf den Feldern. So drückten die Zöllner mal ein Auge zu und Anwohner meldeten „dunkle Gestalten“ in Grenznähe.

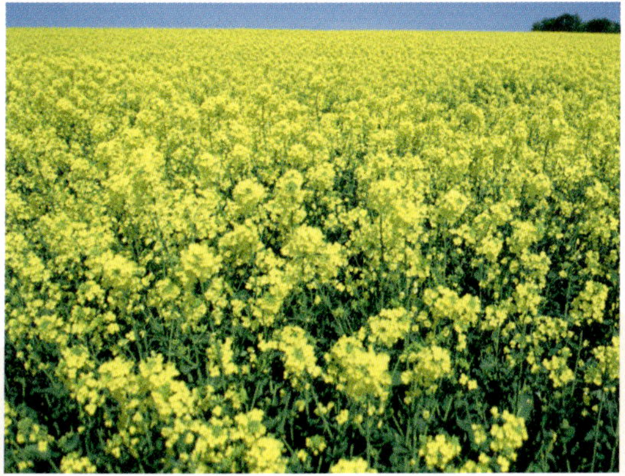

Rapsfeld bei Ellhöft
Rapsmark, Ellhøft

Seværdigheder mellem Süderlügum og Weesby

Mellem Ellhøft og Lydersholm fører Grænseruten dig ad en meget gammel og ensom vejstrækning, hvor du næsten kommer til at føle dig som i ingenmandsland. I horisonten kann du se de store vindmøller snurre rundt imod den uendelige himmel og kann nærmest høre stilheden – og grusets knasen under cyklens dæk.

Grænseovergangen Vindtved passerer du næsten ubemærket. De to små gendarmhuse, som gendarmerne spillede skat i med de lokale, er væk nu. Her ved denne grænseovergang levede folk og grænsegendarmer i fordragelighed og hjalp hinanden. Således boede grænsegendarmen og hans familie i byen og arbejdede som høstarbejdere. Toldere kneb af og til det ene øje i, og landsbyboerne meldte, når “mistænkelige” personer nærmede sig grænsen.

Ausflugstipp (1,5 km): Für Schlossruinen-Liebhaber sei hier ein Plätzchen nördlich von Lydersholm empfohlen. Das Fundament des 1570 erbauten Jagdschlosses von Herzog Hans d. Älteren (***Grøngård Slotsruin***, Lydersholmvej 3) liegt hinter dem imposanten Bauernhof „Grøngård“ versteckt im Gras.

Ausflugstipp (8,5 km): Wenn man sich schon für den Schlenker nach Norden entschieden hat, so sei Kulturinteressierten hier noch ein weiterer Tipp verraten: Am Nordufer der Grønå, zwischen Jejsing und Bylderup-Bov, liegt eine Ortschaft, die einen weltberühmten Maler hervorgebracht und ihm den Namen geliehen hat: ***Nolde***. Hier wurde am 7. August 1867 Hans Emil Hansen geboren. 1904 nahm er den Namen Nolde an. 1943 brannte der Bauernhof seiner Kindheit nieder. Eine Gedenktafel in Emil Noldes Geburtsort liefert weitere Informationen über die Stätte, die die ersten Lebensjahre des Expressionisten prägte.

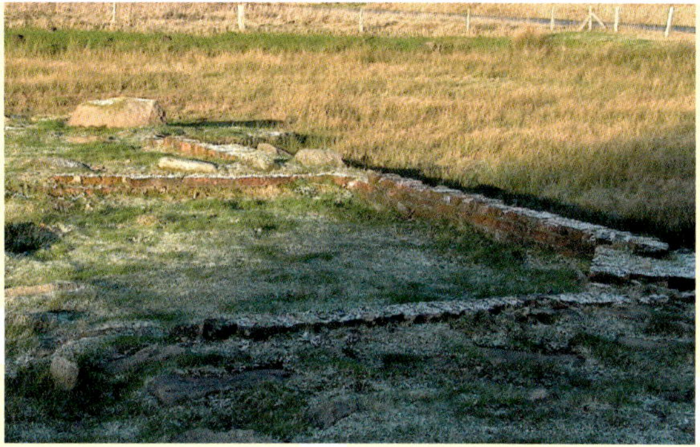

Grøngård Schlossruine
Grøngård Slotsruin
Foto Gorm Casper

Afstikker fra ruten (1,5 km):
For dem, som finder slotsruiner interessante, er en afstikker til ***slotsruinen Grøngård*** (Lyderholmvej 3) at anbefale. Her finder man fundamentet af Hertug Hans den Ældres jagtslot, der blev bygget i 1570, og ligger bag den storslåede landbrugsejendom Grøngård, næsten skjult af græsset.

Afstikker fra ruten (8,5 km):
Skulle du have besluttet dig til en afstikker fra ruten nordpå, så er Nolde sikkert en rundtur værd for kulturinteresserede. Nolde ligger mellem Jejsing og Bylderup-Bov, her blev den verdensberømte maler ***Emil Nolde*** født den 7. august 1867. Oprindeligt hed han Hans Emil Hansen, men antog 1904 sit fødesteds navn. Hans fødested og barndomshjem brændte ned i 1943. En mindetavle markerer Emil Noldes fødested, som prægede ekspressionistens første leveår.

Für die Radler auf der Grenzroute wurden zehn neue Rastplätze angelegt. Einer dieser Rastplätze befindet sich nördlich der Gemeinde Westre in einem besonderen Naturschutzgebiet: am ***Schwarzberger Moor***. Während man sein Lunchpaket in der eigens für die Grenzroute entworfenen Wetterschutzhütte verspeist, kann man den herrlichen Blick auf das in Binnendünen eingebettete, 9 ha große Hochmoor und den angrenzenden Wald genießen.

Ausflugstipp (3,5 km): Ein Abstecher zur nahe gelegenen ***Burkal Kirche*** (Saksborg, Burkal, Kirkevej 2) ist empfehlenswert. Die weißgekalkte und bleigedeckte Kirche stammt aus dem Jahr 1025. Die beeindrukkenden Malereien lassen sich auf das Jahr 1622 datieren. Sollte die Kirche verschlossen sein, erhalten Sie den Schlüssel beim Kirchendiener (Tel. +45 74 76 21 10).

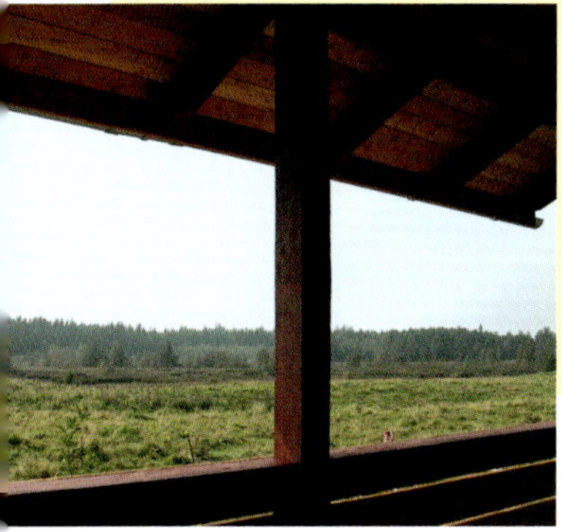

Rastplatz im Schwarzberger Moor
Rasteplads, Schwarzberg Mose
Foto: Gorm Casper

Langs Grænseruten er der anlagt ti rastepladser særligt til Grænserutens brugere. En af disse ligger i et særligt naturbeskyttelsesområde nord for Westre kommune, nemlig i ***Schwarzberg Mose***. Her kan man nyde sin medbragte mad i den nyopførte hytte, mens man nyder udsigten til skoven og over den 9 ha store højmose midt i indlandsklitterne.

Afstikker fra ruten (3,5 km): En afstikker til ***Burkal Kirke*** (Saksborg, Burkal, Kirkevej 2) kann anbefales. Den hvidkalkede kirke med blytaget stammer fra år 1025. De meget smukke malerier er dateret tilbage til 1622. Skulle kirken være aflåst, kan nøglen hentes hos kirketjeneren (tlf. plus 45 - 74 76 21 10).

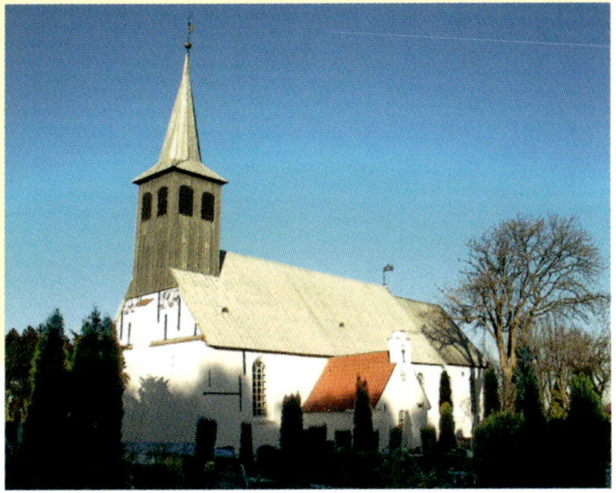

Kirche zu Burkal
Burkal kirke
Foto: Gorm Casper

In Rens sollte man sich etwas Zeit für eine Pause am Ufer der Sønderå nehmen, die durch diese schöne Landschaft mäandert und hier parallel zum ursprünglichen Flussbett über eine Fischtreppe verläuft. Nicht selten trifft man am Rastplatz der Grenzroute auf Kanus, denn Rens ist eine ideale Einsetzstelle und gern genutzte Rastgelegenheit für die Wasserwanderer. In der näheren Umgebung findet man auch eine alte Wassermühle. Auf der Nationalroute 8 radelt man nach Westen direkt am schönen Ufer der Sønderå entlang.

Ausflugstipp (2,5 km):
Ein absolutes Idyll findet man bei der Wassermühle St. Jyndevad (Julianehåbvej). Das Mühlengebäude wurde zwar erst 1896 errichtet, aber die Geschichte der ehemals königlichen Korn- und Walzenmühle lässt sich bis ins Jahr 1230 zurückverfolgen. Mönche aus Løgumkloster erbauten die Mühle und legten 1357 auch den Mühlenteich zur Selbstversorgung mit Fisch an, da sie kein Fleisch aßen.

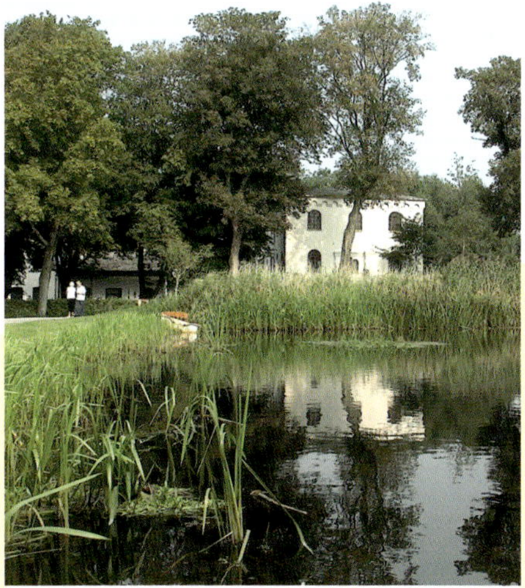

Wassermühle St. Jyndevad
Vandmølle St. Jyndevad
Foto: Gorm Casper

I Rens bør man tage sig tid til et hvil langs Sønderåens forløb, som snor sig igennem landskabet og her løber parallelt med dens oprindelige forløb gennem en fisketrappe. Her møder man ofte kano-folk, der sejler langs Sønderå i kano, for Rens er et rigtigt godt start- og pausested for kanoture. I nærheden finder du også en gammel vandmølle. Ad national cykelrute 8 mod vest følger du Sønderåen et stykke.

Afstikker fra ruten (2,5 km):
Ren idyl finder man ved Store Jyndevad Mølle (Julianehåbvej).
Jyndevad Mølle blev først opført i 1896, men den tidligere kongelige korn- og valsemølles historie kann spores helt tilbage til år 1230. Munke på Løgum Kloster byggede møllen og anlagde mølledammen i 1357 for at opdrætte fisk, da de ikke spiste kød.

Bei Bögelhuus radelt man auf der Grenzroute über einen der kleinen Grenzübergänge, die vor 2001 für die Allgemeinheit geschlossen waren. Für die Bewohner im Umkreis von 5 km waren diese jedoch bereits vor dem Schengener Abkommen ohne Kontrolle passierbar – dazu reichte ein Eintrag im Pass oder Ausweis. Individuelle Pässe mit vermerkter Größe, Alter usw. wurden auch für Arbeitspferde ausgestellt. Kühe jedoch hatten keine Pässe. Für diese konnten Grenzübertritte problematisch sein. Eines Tages – in den 50er Jahren – kam einem Bauern in Bögelhuus eine Kuh abhanden. Sie fand sich auf dänischem Gebiet wieder an, und der dänische Zöllner führte sie eigenhändig zur Grenze. Hier aber stellte sich der deutsche Zöllner quer.

Wenn es hier draußen schon mal etwas Besonderes gab, so sollte man es auch dem Vorgesetzten melden. Als Konsequenz musste die Kuh beim dänischen Nachbarn in Quarantäne, und der deutsche Zollkommissar sowie ein dänischer Oberzöllner reisten zur Klärung des Sachverhalts an. Das Resultat: Der Bauer bekam seine Kuh zurück und der deutsche Zöllner den guten Rat, so etwas Banales ja nie wieder zu melden.

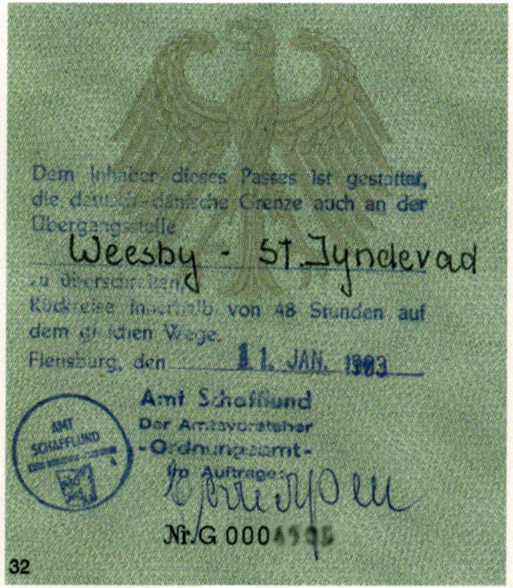

Eintrag im Pass
Anmærking i passet
Foto: Privat

Ved Bøgelhuus cykler du over en lille grænseovergang, der indtil 2001 var lukket for offentligheden. Beboere indenfor en radius på fem kilometer kunne dog – med behørig anmærkning i passet – allerede før Danmark tiltrådte Schengen-aftalen passere grænsen udenom den almindelige grænsekontrol. Også arbejdsheste kunne med særligt pas, hvori højde, alder etc. var noteret, passere grænsen uden videre. Det samme gjaldt dog ikke for kreaturer, så det var noget mere besværligt.

Engang i 1950'erne løb en af landmændene i Bøgelhuus' køer væk. Den blev fundet igen på den danske side af grænsen, og den danske grænsegendarm indfangede koen og trak den tilbage til grænseovergangen. Hans tyske kollega viste sig til gengæld modvillig. Når der nu skete noget usædvanligt her i denne udørk, skulle det straks anmeldes til ens foresatte. Koen måtte i karantæne, og den tyske toldkommisær og en dansk overtolder måtte ordne sagen. Resultatet blev, at bonden fik sin ko igen, og de tyske toldere fik et godt råd om aldrig igen at anmelde noget så banalt.

Im Verlauf der Grenzroute fallen dem aufmerksamen Radler in der weitläufigen Natur auf der deutschen Seite gleichförmige, immer „wiederkehrende“ Gebäude aus rotem Ziegelstein auf. Manchmal stehen diese mitten in der Landschaft (wie in Bögelhuus) oder sie bevölkern ganze Straßenzüge in den Siedlungen entlang der Grenze (z.B. Süderlügum, Zollstraße). Dies waren die Dienstwohnungen der Zöllner, die oft in der Nähe der Grenzübergänge wohnten, damit sie diese auch in der Freizeit überwachen konnten. Den Baustil der kleineren, aus den 20er Jahren stammenden „Zollhäuser“ nennt man „Heimatschutzarchitektur“, den der größeren, schmucklos wirkenden Variante aus den 30er Jahren „Klinker-Expressionismus“. Die nach der Grenzziehung 1920 eilends errichteten 33 dänischen Gendarmenhäuser fallen weniger auf, denn sie wurden dem regionalen Baustil in Dachneigung und Verblendung angepasst.

Dänisches Gendarmenwohnhaus
Dansk gendarmbolig
Foto: Gorm Casper

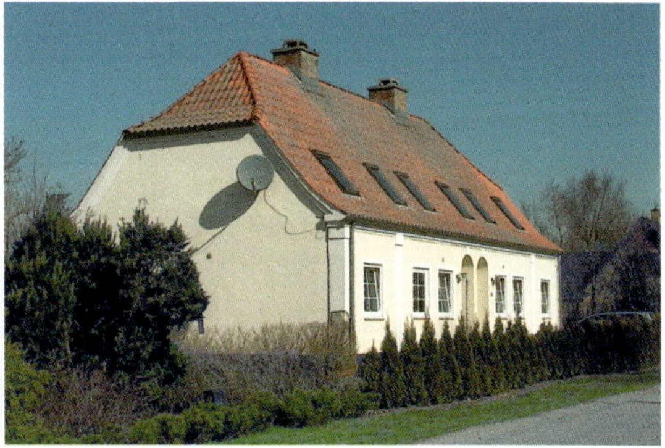

På sin tur ad Grænseruten gennem de vidtstrakte naturområder lægger cyklisten mærke til, at der på den tyske side af grænsen dukker ensartede rødstenshuse op. Nogle gange ensomt beliggende midt i landskabet (som ved Bøgelhuus) eller side om side langs hele gader i byer og landsbyer langs grænsen (f. eks. Zollstraße i Süderlügum). Husene er tidligere tiders toldansattes tjenesteboliger, meget praktisk bygget i nærheden af grænsen, så tolderne også i fritiden kunne holde et vågent øje med den. De er bygget i 20’erne, og byggestilen kaldes “hjemstavnsstil”, mens deres større og mindre pæne efterfølgere fra 30’erne er opført i den såkaldte “Klinker-Expressionismus”-stil. Die 33 gendarmhuse på den danske side af grænsen, bygget i al hast efter grænsedragningen i 1920, tiltrækker sig ikke opmærksomhed, da de i nogen grad blev tilpasset den lokale byggestil.

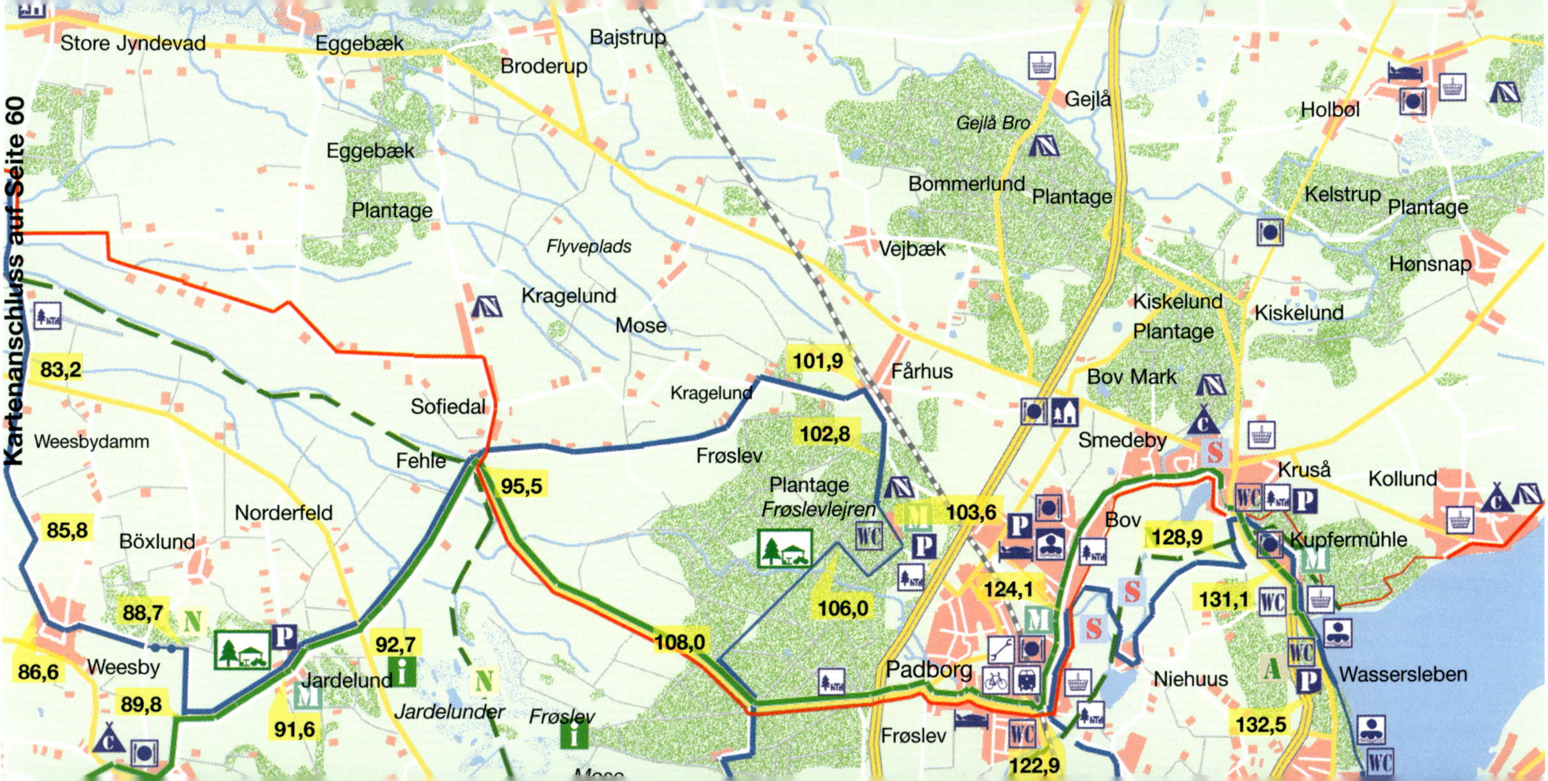

Kartenanschluss auf Seite 60
Store Jyndevad
Eggebæk
Bajstrup
Broderup
Gejlå
Gejlå Bro
Holbøl
Eggebæk
Plantage
Bommerlund
Plantage
Kelstrup
Plantage
Flyveplads
Vejbæk
Hønsnap
Kragelund
Mose
Kiskelund
Plantage
Kiskelund
101,9
Fårhus
83,2
Kragelund
Bov Mark
Sofiedal
102,8
Weesbydamm
Smedeby
Fehle
Frøslev
Kruså
Kollund
95,5
Plantage
Frøslevlejren
103,6
Bov
Norderfeld
128,9
85,8
Kupfermühle
Böxlund
124,1
131,1
88,7
106,0
108,0
92,7
Padborg
Niehuus
86,6
Weesby
Jardelund
Wassersleben
Jardelunder
Frøslev
89,8
Frøslev
132,5
91,6
122,9

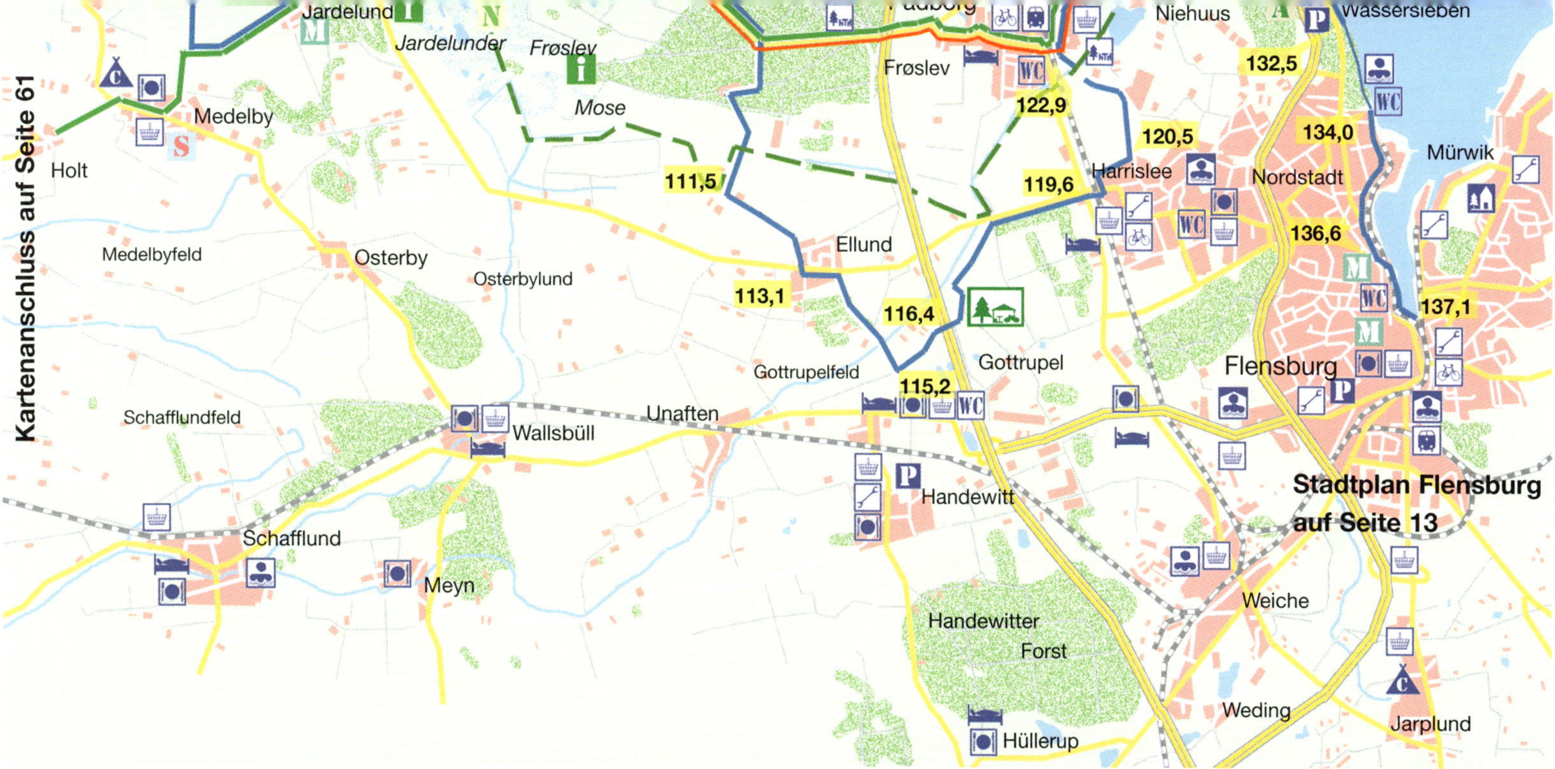

Kartenanschluss auf Seite 61
Jardelund
Jardelunder
Frøslev
Mose
Frøslev
Niehuus
Medelby
Holt
Medelbyfeld
Osterby
Osterbylund
Ellund
Gottrupelfeld
Gottrupel
Harrislee
Nordstadt
Mürwik
Flensburg
Schafflundfeld
Wallsbüll
Unaften
Handewitt
Schafflund
Meyn
Handewitter
Forst
Hüllerup
Weiche
Weding
Jarplund
Stadtplan Flensburg auf Seite 13
111,5
113,1
116,4
115,2
119,6
120,5
122,9
132,5
134,0
136,6
137,1

Auf der Grenzroute von West nach Ost

Dritter Routenabschnitt von Weesby nach Flensburg

Am Rastplatz von **Weesby** biegen Sie links ein, radeln immer geradeaus durch den Ort, überqueren eine Asphaltstraße **(88,1 km)** und biegen an der nächsten T-Kreuzung **(88,7 km)** rechts ab.

Abstecher: Zum Naturschutzgebiet biegen Sie links ab. Schon bald erstreckt sich linker Hand das Naturschutzgebiet mit einem Rastplatz (siehe auch Seite 76).

Bei **km 89,8** biegen Sie links in die Vorfahrtstraße ein (Grenzroute und Nord-Ostsee-Radweg verlaufen ab hier gemeinsam), radeln in **Jadelund** **(91,6 km)** am ***Museum*** und an der „Obstwiese" (Rastplatz) vorbei, überqueren die *Grenzstraße* **(92,7 km)** und fahren geradeaus in die Straße *Fehle*. Am **Grenzübergang Fehle** **(95,5 km)** schwenken Sie links nach **Sofiedal** (Nord-Ostsee-Radweg biegt rechts ab) und an der nächsten Abzweigung gleich wieder rechts. Bei **km 99** fahren Sie weiter auf der Asphaltstraße auf ein weißes Haus zu, biegen vor den Bahnschienen in **Fårhus** **(101,9 km)** rechts ab und fahren in der Linkskurve der Hauptstraße **(102,8 km)** geradeaus.

På Grænseruten fra vest til øst

Tredje ruteafsnit fra Weesby til Flensburg

Ved **Weesby** rasteplads drejer Du in til venstre, cykler altid ligeud gennem landsbyen, krydser en asfalteret vej **(88,1 km)** og svinger ved næste T-kryds **(88,7 km)** til højre.

Afstikker: Til fredet naturreservat drejer Du af til venstre. Allerede snart udbreder naturreservatet sig til venstre med rastepladsen.
(se ligeledes s. 76)

Ved **km 89,8** drejer Du venstre ind på hovedvejen (sammen med Nordsø-Østersø Ruten), cykler i **Jardelund** **(91,6 km)** forbi ***museet*** og "Obstwiese" (rasteplads), krydser Grenzstraße **(92,7 km)** og kører ligeud ind i gaden Fehle. Ved **grænseovergangen Fehle** **(95,5 km)** svinger Du ind til venstre til **Sofiedal** (Nordsø-Østersø Ruten drejer her til højre) og ved næste forgrening straks igen til højre.
Ved **km 99** kører Du videre på asfaltvejen hen mod et hvidt hus, drejer i **Fårhus** **(101,9 km)** foran jernbanesporet til højre og kører ligeud, hvor hovedvejen har et venstresving **(102,8 km)**.
Du ankommer i ***Frøslevlejren*** **(103,6 km)**. Cykelvejen fører ligeud

Sie erreichen ***Frøslevlager*** **(103,6 km)**. Der Radweg führt geradeaus durch das Lager. Nachdem Sie das Tor zum Lager auf der gegenüberliegenden Seite verlassen haben, biegen Sie rechts ab **(104,3 km)** und radeln auf einem Sandweg durch das herrliche Waldgebiet ***Frøslev Plantage***.

Bei **km 105,4** biegen Sie rechts in den *Grusgravsvej* ein und schwenken bei einigen auffälligen Erdhügeln **(106,0 km)** nach links. Schließlich erreichen Sie die Aspaltstraße **(108,0 km)**, biegen links ab und schwenken nach 3 Kilometern rechts nach Frøslev Mose. An der T-Kreuzung in **Vilmkær** **(111,5 km)** biegen Sie links ab und überqueren ein weiteres Mal fast unbemerkt die Grenze. In **Ellund** **(113,1 km)** biegen Sie links in die Hauptstraße ein (Wegweiser steht 20 m weiter) und wenig später rechts Richtung Handewitt. Sie radeln durch ein Waldgebiet, biegen bei **km 115,2** links in den *Gottrupeler Weg* ein, überqueren die Autobahn **(116,4 km)** und kommen nach 200 m an einem Rastplatz vorüber. Von dort führen Wanderwege durch das ***Stiftungsland Schäferhaus***.

An der nächsten Vorfahrtstraße biegen Sie rechts ab, Richtung Harrislee. An der Kreuzung in **Harrislee** **(119,6 km)** fahren Sie geradeaus, überqueren die Bahngleise und biegen anschließend links ab Richtung Niehuus. Bei **km 120,5** schwenken Sie an der T-Kreuzung nach links (Niehuus), halten sich an der Weggabelung links und bie-

gennem lejren. Efter at Du har passeret porten på den anden side af lejren, drejer Du til højre **(104,3 km)** og cykler på en sandvej gennem det dejlige skovområde ***Frøslev Plantage***.

Ved **km 105,4** drejer Du ind til højre i *Grusgravvej* og svinger ved nogle påfallende sandhøje **(106,0 km)** til venstre. Endelig kommer Du til en asfaltvej **(108,0 km)**, drejer til venstre og svinger efter 3 km til højre i retning af Frøslev Mose. Ved T-krydset i **Vilmkær** **(111,5 km)** drejer Du til venstre og krydser en gang mere næsten ubemærket grænsen. I **Ellund** **(113,1 km)** svinger Du venstre ind på hovedvejen (vejviseren står 20 m længere fremme) og lidt senere til højre i retning af Handewitt. Du cykler gennem et skovområde, drejer ved **km 115,2** venstre ind i *Gottrupeler Weg*, krydser motorvejen **(116,4 km)** og kommer efter 200 m forbi en rasteplads. Herfra fører vandreveje ind gennem ***Stiftungsland Schäferhaus***.

Ved næste hovedvej drejer Du af til højre i retning Harrislee. Ved krydset i **Harrislee** **(119,6 km)** kører Du ligeud, krydser jernbanesporet og svinger efterfølgende af til venstre i retning Niehuus. Ved **km 120,5** svinger Du ved T-krydset til venstre (Niehuus), holder Dig ved vejforgreningen til venstre og drejer ved **km 121,4** af til venstre i retning Padborg. Du cykler ligeud ind i en sandvej, ankommer igen til en asfalteret vej og træffer i **Padborg** ved siden af jernbaneunderføringen **(122,9 km)** på hovedvejen. Her drejer Du af til højre, svin-

gen bei **km 121,4** links nach Padborg ab. Sie radeln geradeaus in einen Sandweg, erreichen wieder eine Asphaltstraße und treffen in **Padborg** neben der Bahnunterführung **(122,9 km)** auf eine Vorfahrtstraße. Hier biegen Sie rechts ab, schwenken bei **km 124,1** rechts nach **Bov** und gleich darauf am Rastplatz noch mal rechts. Es folgt eine abwechslungsreiche Wegstrecke durch das eiszeitliche ***Tunneltal der Kruså*** mit Steigungen und Gefällstrecken. Schließlich rollen Sie zum ***Grenzübergang in Niehuus*** hinunter und radeln unter dem rot-weißen Schlagbaum hindurch **(124,6 km)**. Bis zum Bachlauf der Kruså, die Sie auf einer alten Brücke **(125,3 km)** passieren, folgen Sie dem **„Krummen Weg“**, einer historische Wegstrecke mit einer Pflasterung aus dem 17. Jahrhundert.

An der Vorfahrtstraße **(126,3 km)** fahren Sie geradeaus bergan, Richtung Wassersleben, biegen gleich darauf an dem großen weißen Haus links ab und an der T-Kreuzung **(128,9 km)** nochmals links in die *Alte Zollstraße*. Anschließend überqueren Sie die vierspurige Straße **(129,5 km)** des ***Grenzüberganges Kruså/Kupfermühle***, halten sich auf der gegenüber liegenden Seite links und biegen nach knapp 100 Metern rechts zum Rastplatz (Infotafel) ein. Sie radeln durch ein Waldgebiet, passieren unbemerkt die Grenze, folgen in **Kupfermühle** **(131,1 km)** den Radwegweisern und kommen am

ger ved **km 124,1** til højre efter **Bov** og straks ved rastepladsen endnu engang til højre. Der følger en skifterig vejstrækning gennem ***Kruså Tunneldal*** med sine fra istiden dannede stigninger og strækningsfald. Endelig triller Du ned til ***grænseovergangen i Niehuus*** og cykler ind under den rød-hvide grånsebom **(124,6 km)**. Den historiske vejstrækning hen til Kruså's bækleje er belagt med store brosten fra det 17. århundrede. Bæklejet passeres over en gammel bro **(125,3 km)**.

Ved hovedvejen **(126,3 km)** kører Du ligeud op ad bakken i retning af Wassersleben, drejer straks ved det store hvide hus til venstre og ved T-krydset **(128,9 km)** endnu engang til venstre ind i *Alte Zollstraße*. Efterfølgende krydser Du ***grænseovergangen Kruså/Kupfermühle's*** firesporede vej **(129,5 km)**, holder Dig på den anden side til venstre og svinger efter 100 m ind til højre til rastepladsen (informationstavle). Du cykler gennem et skovområde, passerer igen ubemærket grænsen, følger i **Kupfermühle** **(131,1 km)** cykelvejviserne og kommer forbi ***museet***.

I **Wassersleben** svinger Du ved hovedvejen **(131,8 km)** til venstre, triller ned af bakken, kører lige før hotellet **(132,5 km)** et venstre/højre sving og cykler langs vandet til ***Ostseebad*** i **Flensburg**.

Ved Ostseebad **(134,0 km)** svinger Du til højre (vejviseren til havne-

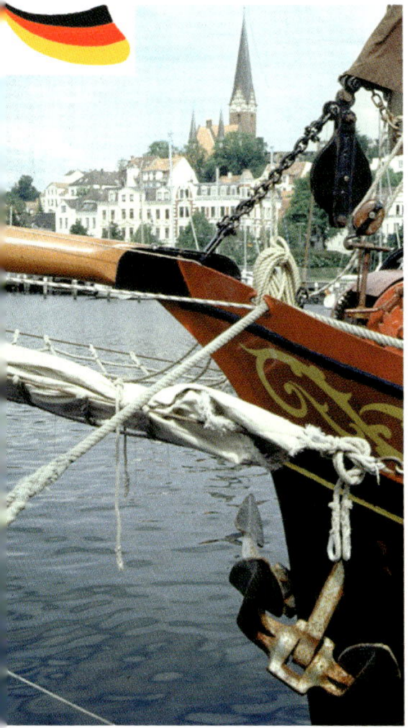

Museum vorbei. In **Wassersleben** schwenken Sie an der Vorfahrtstraße **(131,8 km)** nach links, rollen bergab, fahren vor einem Hotel **(132,5 km)** einen Links-rechts-Schwenk und radeln am Wasser entlang zum ***Ostseebad*** in **Flensburg**.

Am Ostseebad **(134,0 km)** biegen Sie rechts ab (Wegweiser zur Hafenspitze 3,2 km), fahren bergan und folgen der Straße bis zum Ende des *Brauereiweges* **(135,8 km)**, dort biegen Sie links ab, kommen am ***Schifffahrtsmuseum*** **(136,6 km)** und am ***Museumshafen*** vorbei, fahren geradeaus weiter oder radeln mit einem Links-rechts-Schwenk am Wasser entlang bis zur *Hafenspitze* **(137,1 km)**.

Flensburg Hafen
Flensborg havn

spidsen 3,2 km), kører ob ad bakken og følger vejen til enden af *Brauereiweg* **(135,8 km)**. Her drejer Du til venstre, kommer forbi ***Schifffahrtsmuseum*** **(136,6 km)** og ***Museumshafen***, kører videre ligeud langs gaden eller med et venstre/højre sving ned langs vandet til havnespidsen **(137,1 km)**.

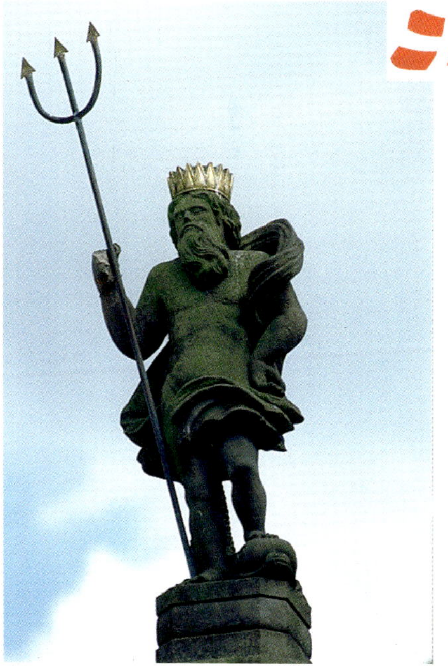

Flensburg
Neptun-Brunnen

Böxlunder Eichenkratt

Zwar muss man ein kurzes Stück bergan radeln, wird aber mit einem besonderen Erlebnis belohnt: zur Linken fällt der Blick überraschend tief in eine ehemalige Kieskuhle, an deren Boden, in bewaldete Hänge eingegraben, ein Gewässer ganz eigentümlich schimmert. Ein Rastplatz mit Naturinformationen lädt zum Verweilen ein.

Abstecher: Zwischen Jardelund und Frøslev liegt unweit der Grenzroute das 527 ha große, grenzüberschreitende Naturschutzgebiet Frøslev-Jardelunder Moor. Auf beiden Seiten der Grenze werden dazu Naturinformationen präsentiert. Auf deutscher Seite gibt es außerdem einen 2,5 km langen Erlebnispfad durch das Moor mit Schautafeln zu Pflanzen und Tieren, Entstehung und Ökologie des Moores.

Böxlunder Eichenkratt

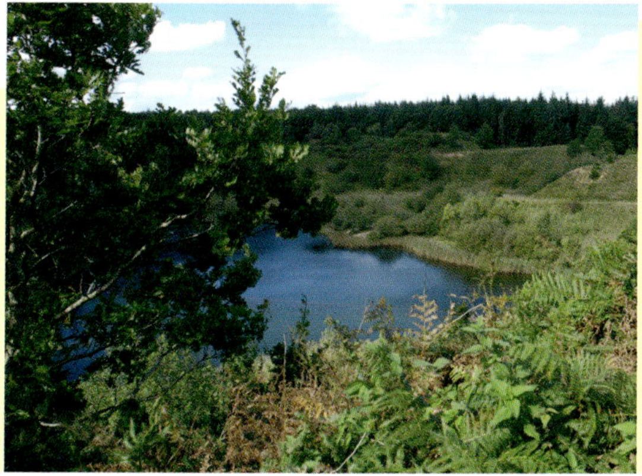

Bøxlunder Eichenkratt

Her skal du cykle lidt opad bakke, men så belønnes du med et smukt syn: Til venstre ser du overraskende langt ned i dybet af en tidligere grusgrav, på hvis bund mellem svovdækkede skråninger en sø skimter ejendommelig. En rasteplads med naturinformation indbyder til et hvil.

Afstikker: Mellem Jardelund og Frøslev nær Grænseruten ligger det 527 ha store, grænseoverskridende naturbeskyttelsesområde Frøslev-Jardelund Mose. Området er på begge sider af grænsen forsynet med informationstavler. På den tyske side er der desuden en 2,5 km lang oplevelsessti gennem mosen med plancher om mosens dyr, dens opståen og dens økologi. Du kommer til en naturinformation, når de på strækningen mellem grænseovergangen Fehle/Sofiedal og Jardelund følger det lille cykelskilt “Nr. 4” mod øst.

Man gelangt zur Infohütte, indem man zwischen dem Grenzübergang Fehle/Sofiedal und Jardelund dem kleinen Radschild Nr.4 in östlicher Richtung folgt.

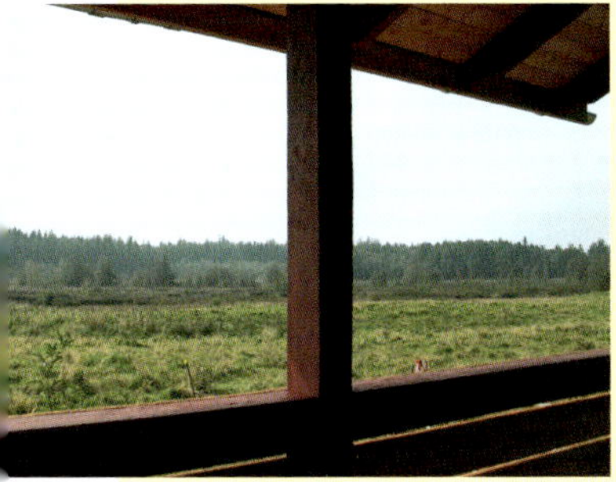

Naturinformation Jardelund
Foto: Gorm Casper

Zur dänischen Naturinformation führt die Lokalroute 18, nach Süden abzweigend vom Nord-Ostsee-Radweg bei Pluskær. Hier gibt es im Moor einen Wanderpfad zum Fundort des berühmten Frøslev-Schreins, der mit einem Eichenobelisk markiert ist. Der Schrein wurde 1872 beim Torfstechen gefunden und aus dem damals deutschen Nordschleswig nach Dänemark geschmuggelt.
Eine Kopie des vergoldeten Reliquienschreins aus dem 10. Jh. wurde dem dänischen Kronprinzenpaar als Sønderjyllands Volksgabe zum Hochzeitsgeschenk gemacht.

Ausflugstipp (6,5 km): Falls man Interesse an geschichtsträchtigen Wegen und urigen Brücken hat, so findet man etwas nördlich der Grenzroute, auf der Radroute des Hærvej/Ochsenweg, die man in

Til den dankse naturinformation følger de lokalrute 18, som ved Pluskær drejer sydpå fra Norsø-Østersø Ruten. Her findes i mosen en vandresti, som fører frem til Frøslevskrinets findested, som markeres med en obelisk af egetræ. Skrinet blev fundet under tørvegravning i 1872 og smuglet fra det dengang tyske Nordslesvig til Danmark. En kopi af det forgyldte relikvieskrin fra det 10. århundrede var Sønderjyllands folkegave til Kronprinsparrets bryllup.

Afstikker fra ruten (6,5 km):
Har man interesse for historiske veje og broer, kann man lidt nord for Grænseruten vælge at følge cykelruten Hærvejen, som man krydser i Fårhus. Cykelruten følger den oprindelige hærvej, som var bronzealderens hovedfærdselsåre mellem Viborg og wedel ved elben. Også den klassiske stenbro (Gejlåbro) fra 1818 er et besøg værd.

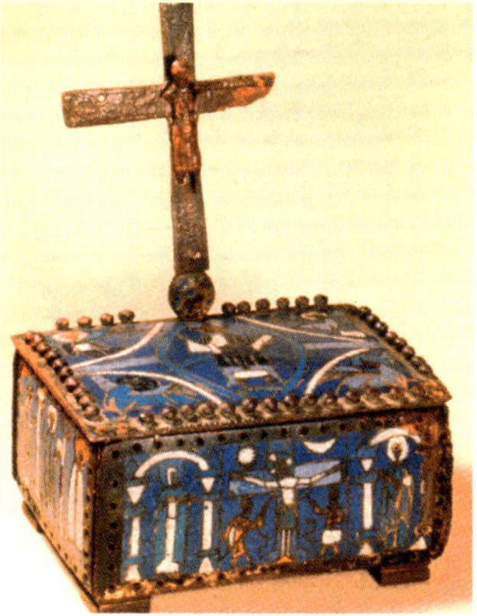

Frøslev-Schrein
Frøslev-skrinet
Foto: Aabenraa Kommune

Fårhus kreuzt, ein originales Trassenstück dieser seit der Bronzezeit bestehenden Verbindung zwischen dem dänischen Viborg und Wedel an der Elbe. Auch eine nahegelegene Granitquaderbrücke (Gejlå Bro) von 1818 ist einen kleinen Ausflug wert.

In Sofiedal stehen noch viele Höfe der Kolonisten, die ab 1761 unter dem dänischen König Friedrich V. aus Württemberg, Hessen und der Pfalz zur Kultivierung in diese damals dünn besiedelte Ödnis gelockt wurden. Ursprünglich war hier alles nur Heide- und Moorlandschaft, und Richtung Westen erstreckt sich noch heute die Geest, die zwar kaum kulturelle Sehenswürdigkeiten bietet, dafür aber die Erfahrung der „absoluten Ruhe“. Hier bekommt man noch einen Eindruck von der Abgeschiedenheit des Grenzlandes.

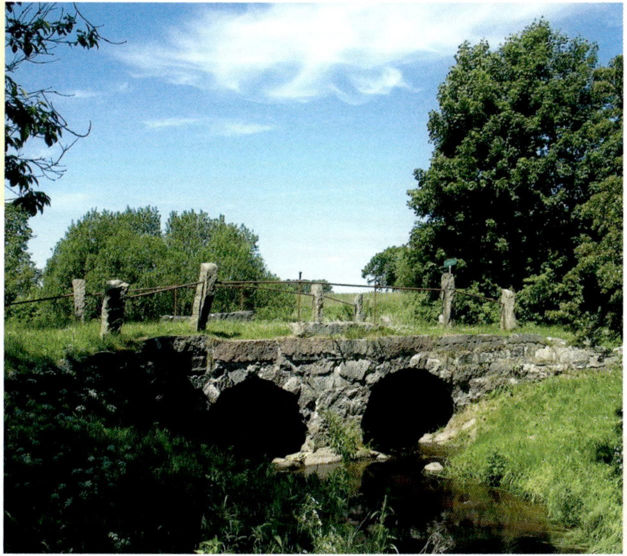

Gejlå-Brücke
Gejlå Bro
Foto: Gorm Casper

I Sofiedal står stadig mange af de gårde, som tyske kolonister fra Württemberg, Hessen og Pfalz byggede i 1761, da de blev hentet herop af Kong Frederik V for at opdyrke det øde og tyndt befolkede område. Oprindeligt var alt her kun hede og moseområder og mod vest strækker sig store hedeområder, som knap nok byder på kulturelle seværdigheder, men til gengæld kan give følelsen af “absolut ro”. Her får du et autentisk indtryk af grænselandets afsondrethed.

På din tur gennem Frøslev Plantage dukker der pludselig en rød indgangsportal op og bagved den mange rødmalede barakker. Danskere har hørt om lejren og kender dens historie, mens tyskere ikke altid kender noget til lejren. Grænseruten

In der Frøslev-Plantage taucht auf der Fahrt durch den idyllischen Wald plötzlich ein ernst wirkendes Eingangsportal auf – und dahinter ein nicht minder ernst wirkendes, weitläufiges Lager rot gestrichener Baracken.

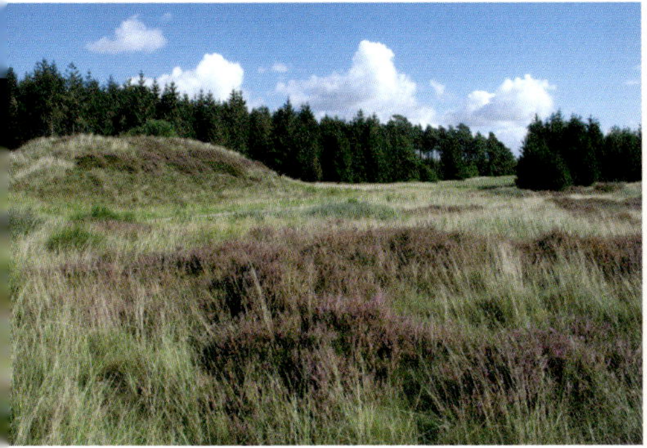

Frøslev-Plantage

Dänen ist dieser Ort und seine Geschichte meist bekannt, während deutsche Radler nicht selten etwas irritiert davor stehen bleiben. Die Grenzroute führt mitten durch das beeindruckende Frösleelager (Frøslevlejren), das im Jahre 1944 als deutsches Polizeigefangenenlager unter der Leitung der deutschen Sicherheitspolizei in Dänemark errichtet wurde. Insgesamt passierten vom August 1944 bis zum 5. Mai 1945 etwa 12 000 Häftlinge das Lager. Im Gegensatz zu anderen deutschen Konzentrationslagern kamen in diesem Lager Gewalt, Folter, Erniedrigungen und Tötungen im Großen und Ganzen

fører lige gennem Frøslevlejren, som i 1944 blev oprettet som fangelejr under Det tyske Sikkerhedspolstiets Kommando i Danmark. Hele 12 000 fanger blev fra august 1944 og frem til befrielsen 5. maj 1945 sendt til Frøslevlejren. I modsætning til andre koncentrationslejre blev fangerne i denne lejr ikke udsat for systematisk

Frösleelager
Frøslevlejren

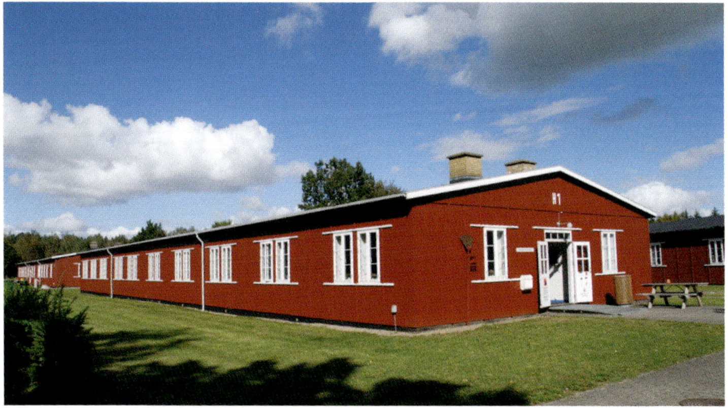

nicht vor. Jedoch wurden auch von hier Deportationen in deutsche KZs durchgeführt.
Später diente das Lager unter dem Namen „Faarhus-Lager“ als Internierungs- und Straflager für Kollaborateure der deutschen Besatzer.

Neben dem „Frøslevlejrens Museum“, das seit 1969 die Geschichte des Lagers eingehend vermittelt, befinden sich heute auf dem Gelände dieser nationalen Gedenkstätte u.a. auch interessante Ausstellungen von Amnesty International, der UN, der dänischen Heimwehr, des dänischen Zivilschutzes sowie eine Naturausstellung der dänischen Umweltbehörde.

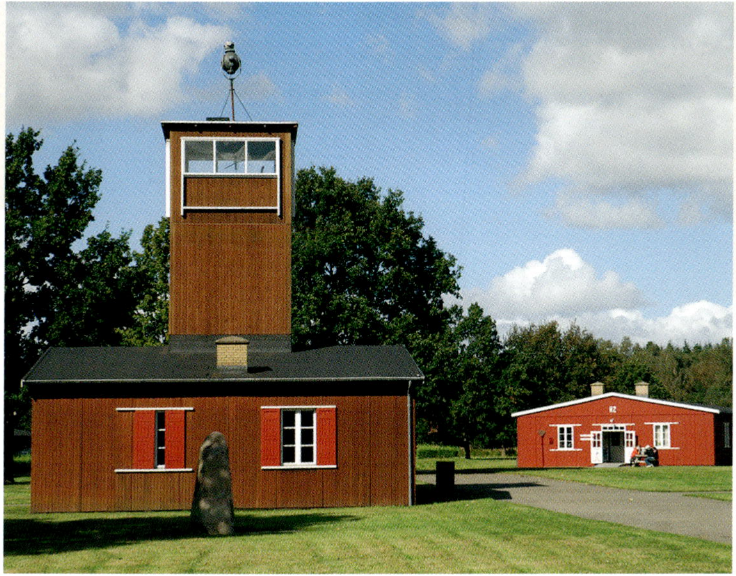

Frösleelager
Frøslevlejren

vold, tortur, fornedrelse og drab. Og dog, også fra Frøslevlejren blev der deporteret fanger til tyske koncentrationslejr. Efter befrielsen tjente lejren under navnet Faarhuslejren som fange- og straffelejr for folk, som samarbejdede med den tyske besættelsesmagt.

Foruden Frøslevlejrens Museum, som siden 1969 giver et indgående billede af lejrens historie, finder du på Frøslevlejrens område bl.a. Amnesty International's museum, et FN-museum, Hjemmeværnets museum samt Skov- og Naturstyrelsens udstilling.

Südlich von Frøslev-Plantage gleitet der Blick über weite Felder – und fast unbemerkt überquert man auf der Grenzroute wieder einen Grenzübergang. In Vilmkær steht heute nur noch der Briefkasten des dänischen Zolls.

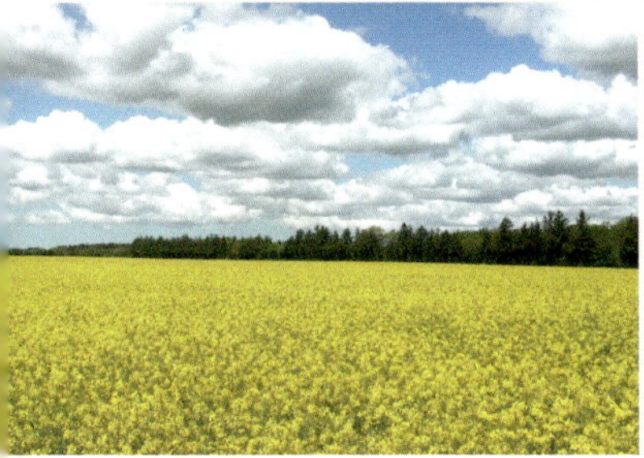

Landschaft bei Vilmkær
Landskap ved Vilmkær
Foto: Gorm Casper

Auch die Grenzüberwachung wird man hier vergeblich suchen: seit dem Inkrafttreten des Schengener Abkommens am 25. März 2001 konzentriert sich diese auf das Hinterland. Nach der Grenzziehung 1920 patrouillierte man noch zu Fuß entlang der Grenze. 1955 wurde die Grenzüberwachung mobiler. Man führte erst Motorrad-, später Autostreifen ein. Ab 1969 wurde auch das Hinterland systematisch überwacht. Eine echte Revolution war die Einführung der Kameraüberwachung der Grenze. Während der deutsche Bundesgrenzschutz die „grüne Grenze" nachts mit Wärmebildkameras an bestimmten Punkten absuchte, installierte die dänische Polizei an den kleinen Grenzübergängen Bewegungsmelder und Infrarotkameras. So auch hier. Kontrolliert wurde aber in Vilmkær vor allem ein Bauer,

Syd for Frøslev Plantage glider blikket over vide marker, og næsten uden at mærke det, smutter du igen over grænsen ved Vilmkær, hvor der kun står Told og Skats hvide postkasse. Grænsebevogtningen søger man forgæves. Siden Danmark tiltrådte Schengen-aftalen den 25. marts 2001, varetages den i dag af politiets baglandspatrulje. Efter grænsedragningen i 1920 patruljerede gendarmerne til fods langs grænsen. I 1955 blev grænsepatruljen udstyret med motorcykler og senere med biler. Fra 1969 har grænselandet været systematisk overvåget, i de senere årtier sågar med kamera. Mens tysk politi brugte termografisk udstyr til natlig overvågning af de "grønne grænseovergange", installerede dansk politi infrarødkameraer og bevægelsesmålere. Også ved Vilmkær. Her var den mest kontrollerede person en

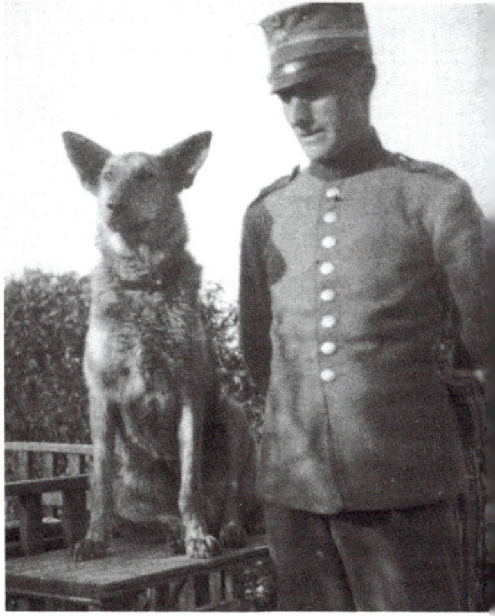

Gendarm mit Hund
Gendarm med hund
Foto: Archiv A. E. Hansen

der 1920 bei der Festlegung der Grenze auf persönlichen Antrag zu Dänemark gezählt wurde. Leider wurde die Straße vor seinem Haus deutsch – und er musste nun bei jeder Fahrt von seinem Hof den Grenzübergang benutzen. Da aber hier kein Schlagbaum stand, warteten die Grenzer umso gespannter auf Schmuggler – und kontrollierten den Bauern und seine Besucher bei jeder Gelegenheit.

landmand, som ved grænsedragningen søgte om og fik tilladelse til at ligge på den danske side af grænsen. Desværre hørte vejen foran hans hus til Tyskland, hvorfor han, hver gang han forlod sin ejendom, måtte over grænseovergangen. Da den ikke var forsynet med grænsebom, ventede toldkontrollen spændt på smuglere og kontrollerede ved enhver lejlighed landmanden og hans besøgende.

Ausflugstipp (2,5 km): Bei der weithin sichtbaren ***Kirche zu Handewitt*** präsentiert das Dorfmuseum (Auf dem Kirchberg 3, jeden 2. Do. im Monat 16–18 Uhr, von Mai–Sept. jeden Sa. 15–17 Uhr oder nach Absprache, Tel. +49 4608-970694 oder 04608-493) eine Ausstellung zur Haus- und Landwirtschaft, die Dorfgeschichte sowie Ausschnitte aus dem dörflichen Leben.

Am Grenzrouten-Rastplatz zwischen Handewitt und Harrislee kann man im angrenzenden Naturerlebnisraum „Stiftungsland Schäferhaus“ Natur und Archäologie erleben: Erlebnispfade, Naturinformation, rekonstruierte Hügelgräber sowie seltene Pflanzen und Tiere bieten im 300 ha großen Naturschutzgebiet eine interessante Abwechslung. Auch ein Stück Originaltrasse

Kirche zu Handewitt
Handewitt kirke

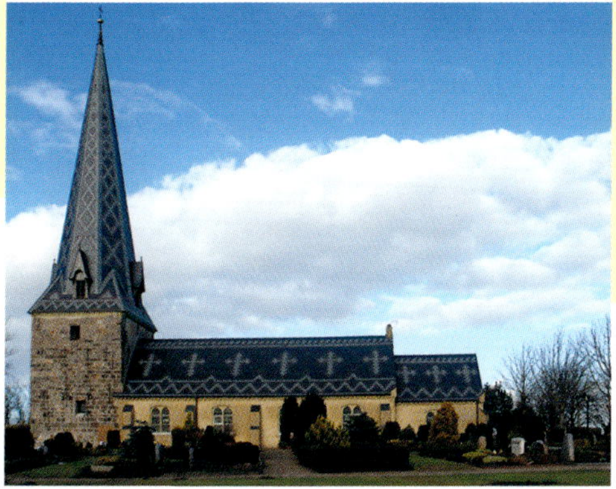

Afstikker fra ruten (2,5 km):
Ved ***Kirken i Handewitt***, som ses på lang afstand, ligger Landsbymuseet (Dorfmuseum, Auf dem Kirchberg 3, åbent hver 2. torsdag i måneden, fra Maj-Sept. hver lørdag kl. 15-17 og efter aftale, tlf. Plus 49 4608 970694). Museets udstillinger fortæller om husholdning og landbrug i og omkring Handewitt og om landsbyens historie.

På Grænserutens rasteplads mellem Handewitt og Harrislee kann man i det tilstødende naturområde “NER Stiftungsland Schäferhaus“ opleve

des Ochsenweges, auf dem im 17. Jh. bis zu 40 000 Ochsen Richtung Süden getrieben wurden, findet man hier.

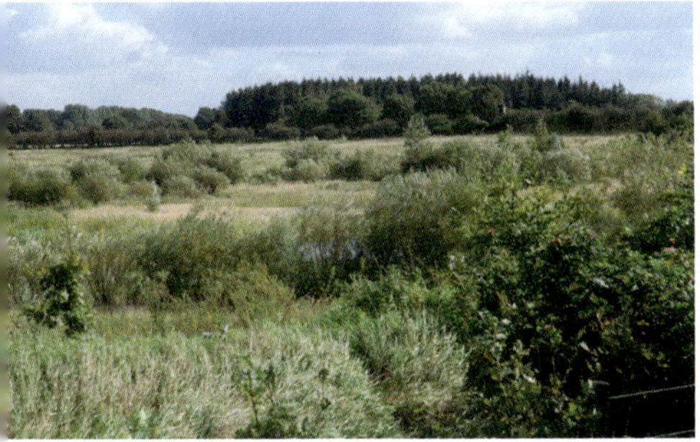

Stiftungsland Schäferhaus
"Stiftungsland" Schäferhaus

Von der Grenzziehung 1920 war der heute zur Gemeinde Harrislee gehörende Ortsteil **Niehuus** besonders betroffen. Man verlor seine Kirche. Der Kirchenweg führte bis 1920 durch das Tunneltal zur Kirche von Bov, die am nördlichen Horizont die Baumwipfel überragt. Mit der Grenzziehung lagen auf dem jetzigen Gemeindegebiet Harrislees nicht weniger als sieben Grenzübergänge. Harrislee wusste von dieser Grenzlage jedoch ebenso zu profitieren wie das benachbarte Padborg. Man holte bereits vor dem Eintritt Dänemarks in die EG (1973) skandinavische Unternehmen in die Gemeinde und legte damit den Grundstein für ein rasantes Wachstum von Industrie, Gewerbe und Einwohnerzahl.

områdets natur og arkæologi: her findes oplysninger om det 300 ha store naturbeskyttelsesområde, hvor gravhøje (i rekonstruktion) og sjældne planter og ældgamle dyrearter findes. Her støder du også på et stykke af den oprindelige Hærvej, som i det 17.århundrede blev brugt til at drive op imod 40.000 kreaturer mod syd. Grænsedragningen 1920 havde stor betydning for **Niehuus**. Landsbyen mistede sin kirke. Frem til 1920 førte Kirkevejen gennem Tunneldalen til Bov Kirke, som mod den nordlige horisont rager op over træerne. Ved grænsedragningen fik Harrislee ikke mindre end 7 grænseovergange. Harrislee har som Padborg forstået at udnytte beliggenheden tæt på grænsen. Allerede før Danmarks optagelse i EF 1973 havde Harrislee tiltrukket skandinaviske virksomheder og lagt grundstenen til en rivende udvikling i industri, erhverv samt indbyggertal.

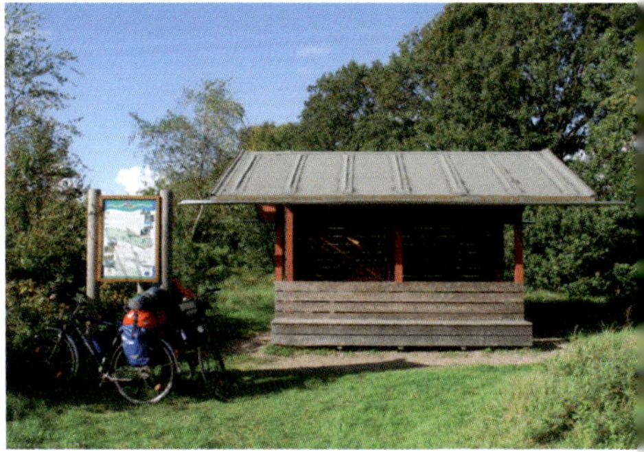

Rastplatz bei Handewitt
Rasteplads ved Handewitt

Tunneltal der Kruså

Untrainierte Radler müssen sich auf anstrengende Steigungen rund um das idyllisch gelegene Niehuus einstellen. Die Grenzroute führt zwischen Bov und Kruså mitten durch das **eiszeitliche Tunneltal der Kruså**. Der herrliche Blick in das Tal ist jedoch die Mühe wert. Hier bekommt man einen Eindruck, welche Kraft Schmelzwasser hat. In der letzten Eiszeit vor etwa 12 000 Jahren lag hier ein Gletschertor mit bis zu drei Kilometer hohen Eismassen. Heute findet man hier einen Naturerlebnisraum mit Wanderwegen.

Der Name Niehuus weist auf die Turmhügelburg Nygenhus hin, die hier einst am Wege lag und von der noch Relikte zeugen. Um 1345 als Zollstelle am Ochsenweg nach Flensburg erbaut, verfiel sie nach 1431, als der Dänenkönig Erich von Pommern die Stadt Flensburg an Holstein verlor.

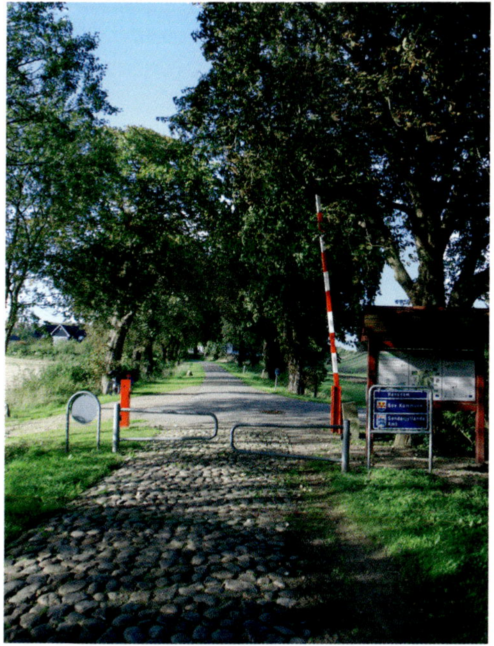

Kruså Tunneldal

På Grænseruten fører syd om Niehuus og gennem et temmelig bakket terræn. På Grænseruten kommer du mellem Bov og Kruså igennem **Kruså Tunneldal**, et levn fra istiden og absolut en naturoplevelse, der belønner anstrengelserne ved at nå derhen. Med et enkelt blik ned i tunneldalen får du en fornemmelse af den enorme kraft, som istidens smeltevand havde. Her på dette sted sluttede den op til 3 km høj gletscher. Tunneldalen byder på en helt speciel naturoplevelse, evt. ad de mange vandrestier.

Navnet Niehuus henviser til Borgen Nygenhus, som engang lå her ved vejen og som rester stadig vidner om. Opført 1345 som toldbygning ved Hærvejen/ Oksevejen til Flensborg blev den ophævet i 1431, da Erik af

Grenzübergang in Niehuus
Grænseovergand i Niehuus

Auch Teile des historischen Ochsenweges, der hier der **Krumme Weg** genannt wird, sind als Pflasterung aus dem 17. Jh. erhalten.

In Kruså erinnert die Statue von Graf Folke Bernadotte an die Rettung von dänischen und norwegischen KZ-Gefangenen im April 1945. Dort, wo die Statue steht, traf am 20. und 21. April 1945 eine Armada von 200 weißen Bussen mit 4 000 Dänen und Norwegern ein, die geradewegs aus dem KZ Neuengamme kamen. Dies war der Höhepunkt der Bemühungen um die Evakuierung der skandinavischen KZ-Gefangenen seit Dezember 1944. Neben dem dänischen Sozial- und Außenministerium war insbesondere der Vizepräsident des schwedischen Roten Kreuzes, Graf Folke Bernadotte, der verdienstvolle Hauptakteur in

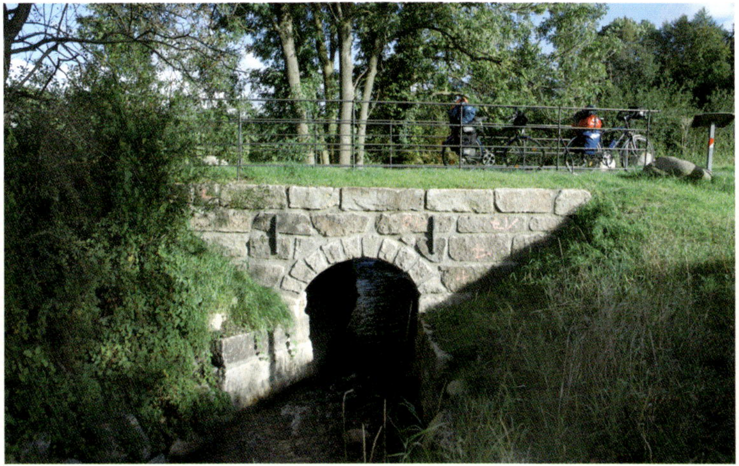

Brücke über die Krusau in Niehuus
Bro over Kruså i Niehuus

Pommern tabte Flensborg til Holsten. **„Den krumme vej"** er endnu et stykke original Hærvej, som blev brolagt i det 17. århundrede.

I Kruså vidner statuen af grev Folke Bernadotte og en mindesten om redningen af danske og norske KZ-fanger i april 1945. Der hvor statuen står idag, ankom 200 hvide busser den 20. og 21. april med 4000 danskere og nordmænd direkte fra koncentrationslejren Neuengamme. Det var højdepunktet i bestræbelserne på at evakuere skandinaviske fanger fra koncentrationslejrene siden december 1944. Ud over det danske Socialministerium og Udenrigsministerium var især Svensk Røde Kors' vicepræsident, grev Folke Bernadotte, aktiv i evakueringen. Kruså og Padborg blev i den periode mellemstation for mere end 6 000 befriede på vej hjem.

diesen Bemühungen. Kruså und Padborg wurde für mehr als 6 000 Gerettete die erste Zwischenstation auf dem Weg in die Freiheit.

In Kupfermühle fährt man mitten durch ein Industriemuseum. Die alte Kupfermühle wurde 1612 vom dänischen König Christian IV. gegründet. Die Dächer vieler dänischer Königsschlösser wurden mit Kupferblechen aus den ehemaligen „Crusau'er Kupfer- und Messingwerken" gedeckt.

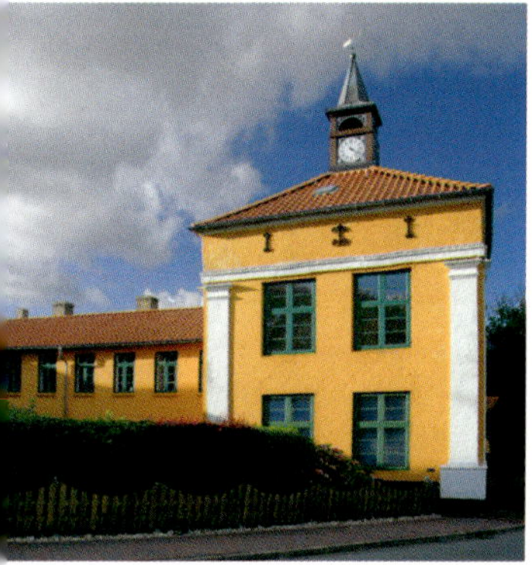

Das hier beheimatete Museum zur Geschichte der Kupfermühle fasziniert mit vielen Exponaten in den denkmalgeschützten Fabrik- und Wohnstätten (Kupfermühle 17, 24955 Harrislee. Tel. 49 461 4077125, Öffnungszeiten: Mi.–So. 13–17 Uhr (Mai–Oktober), Sa.+So. 13–17 Uhr (November–April) Gruppen ab 6 Personen nach Voranmeldung. www.industriemuseum-kupfermuehle.de).

Museum Kupfermühle
Kobbermølle Museum

I Kupfermühle cykler man tværs igennem et industrimuseum. Den gamle kobbermølle lod den danske konge Christian IV bygge i 1612. Tagene på mange af de danske kongeslotte blev dækket med kobberplader fra de tidligere "Kruså Kobber- og Messingværker". Det her indrettede museum i den fredede Kobbermølle og tilhørende arbejdsboliger fortæller med mange spændende effekter om kobbermøllens historie (Kupfermühle 17, 24955 Harrislee. Tel. 49 461 4077125, Öffnungszeiten neu: Mi.–So. 13–17 Uhr (Mai–Oktober), Sa.+So. 13–17 Uhr (November–April) Gruppen ab 6 Personen nach Voranmeldung. www.industriemuseum-kupfermuehle.de).

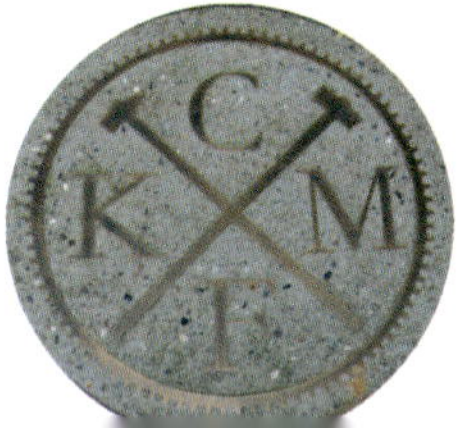

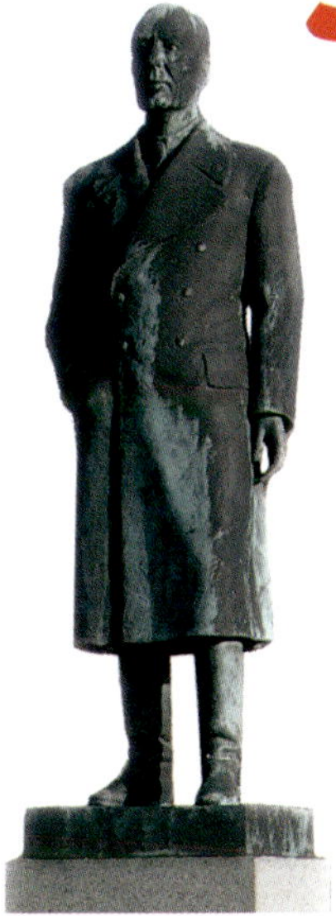

Folke Bernadotte
Foto: Gorm Casper

Bei Wassersleben sollte man einen kurzen Abstecher zum Grenzübergang Schusterkate einplanen. Die Grenzpassage auf der idyllisch gelegenen Holzbrücke über die Krusau war bis 2001 nur zu festgelegten Zeiten im Sommer erlaubt und ermöglichte den Flensburger Bürgern den Besuch ihres in Dänemark liegenden Waldes. Nun ist die Brücke ganzjährig geöffnet, aber der Wald nicht mehr in deutschem Besitz. Die Überquerung der Brücke für einen Spaziergang im Kollunder Wald ist dennoch ein beliebtes Ausflugsziel der Flensburger geblieben.

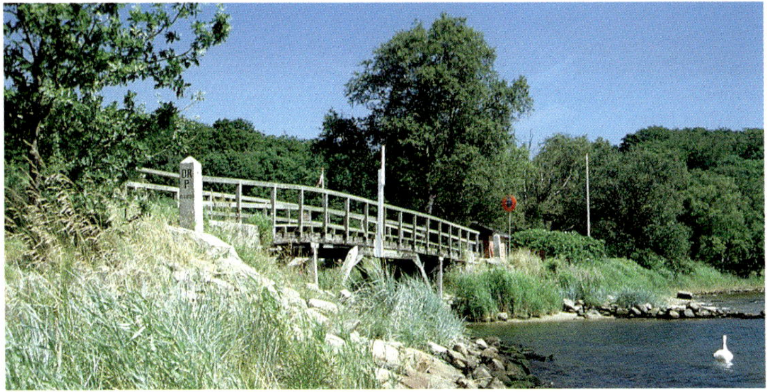

I Wassersleben kan anbefales at tage et smut ind til grænseovergangen Skomagerhus. Her passeres grænsen via en idyllisk beliggende træbro over Krusåen. Frem til 2001 kunne grænsen kun passeres lovligt om sommeren, og benyttedes af mange Flensborgborgere, når de ville spadsere i skoven, som indtil for få år siden tilhørte Flensburg by. Det gør den ikke længere, men den er stadig åben for offentligheden året rundt.

Grenzübergang Schusterkate
Skomagerhus grænseovergang

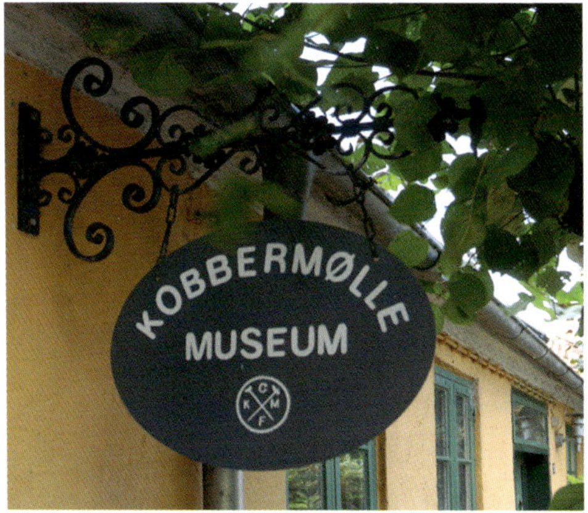

Museum Kupfermühle
Kobbermølle Museum

Zwischen den Badestränden Wassersleben und Ostseebad verläuft die Grenzroute direkt am Fördeufer entlang. Auf der einen Seite reicht ein weitläufiges Waldgebiet mit zerklüfteten Steilhängen bis an die Wegstrecke heran, an der anderen Seite öffnet sich die Innenförde mit einem herrlichen Panorama. Die vielen Segelboote lassen erahnen, dass hier eines der schönsten Segelreviere der Ostsee beginnt.

Blick über die Förde
Blik over Fjorden

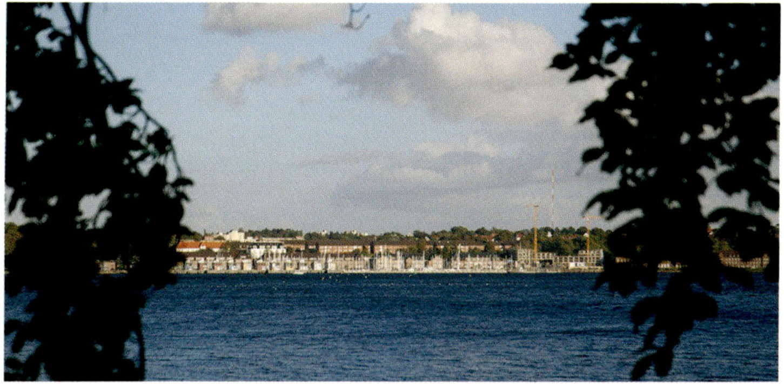

Mellem badestrandene Wassersleben og Ostseebad forløber Grænseruten direkte langs Fjorden. Til den ene side når vidtstrakt skov og stejle kåster ned til Ruten, til den anden side åbner det inderste af Flensborg Fjord op for et herligt panorama. De mange sejlbåde lader formode, at her befinder man sig midt i et af Østersøens smukkeste sejlsportsområder.

Schiffbrücke

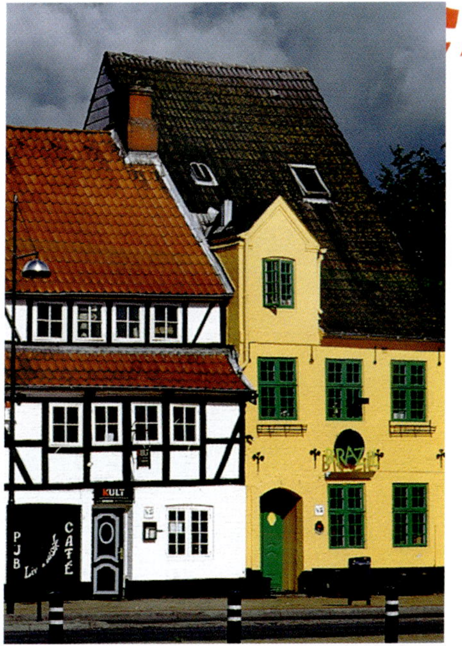

In Flensburg endet (oder beginnt) die Grenzroute an einer wunderschönen Stelle, die man nicht verfehlen kann: an der Hafenspitze. Die Stadt Flensburg ist vielen Besuchern schon vorher ein Begriff – aus verschiedenen Gründen. Deutsche kennen vor allem das Kraftfahrtbundesamt, Dänen ist es oft als dicht an der Grenze liegendes Einkaufsziel bekannt. In beiden Nationen ist auch die erfolgreiche Bundesliga-Handballmannschaft der SG-Flensburg-Handewitt ein Begriff. Dass aber inzwischen sogar Kreuzfahrtschiffe den Flensburger Hafen anlaufen, kommt nicht von ungefähr: Die Stadt hat Flair!

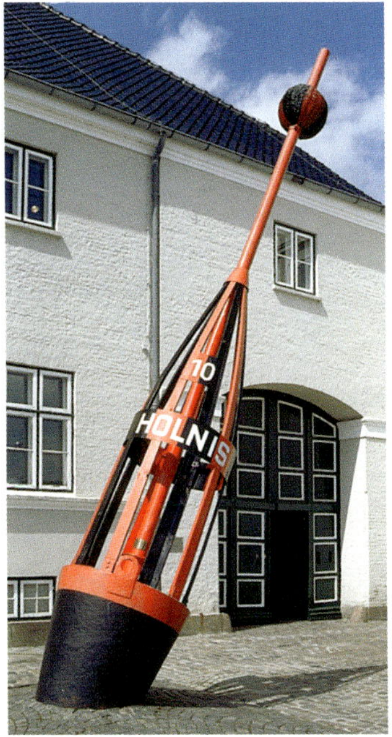

Schiffahrtsmuseum
Søfartsmuseum

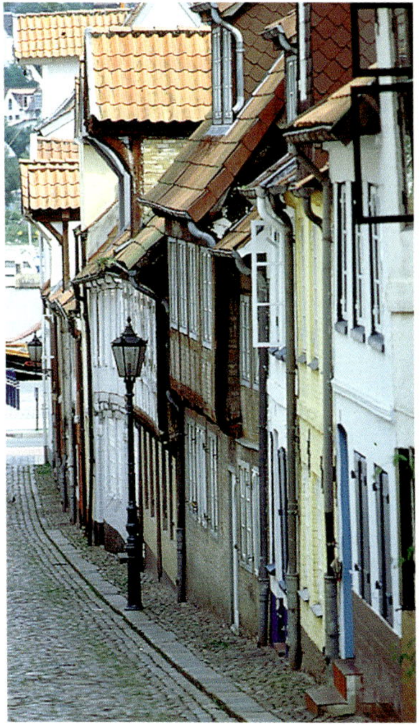

Oluf-Samson-Gang

I Flensburg slutter (eller begynder) Grænseruten på et meget smukt sted, som man ikke kan tage fejl af: Den indre havn (Hafenspitze). Flensburg er kendt af mange, og det er der flere årsager til. Tyskerne kender først og fremmest Kraftfahrtbundesamt, danskerne kender byen som grænsehandelsby. I begge lande er byen kendt for sit herrehåndboldhold SG-Flensburg-Handewitt. Endda krydstogtarrangører har nu fundet ud af, at Flensburg Havn er et godt sted at lægge til kaj: Byen har simpelthen flair.

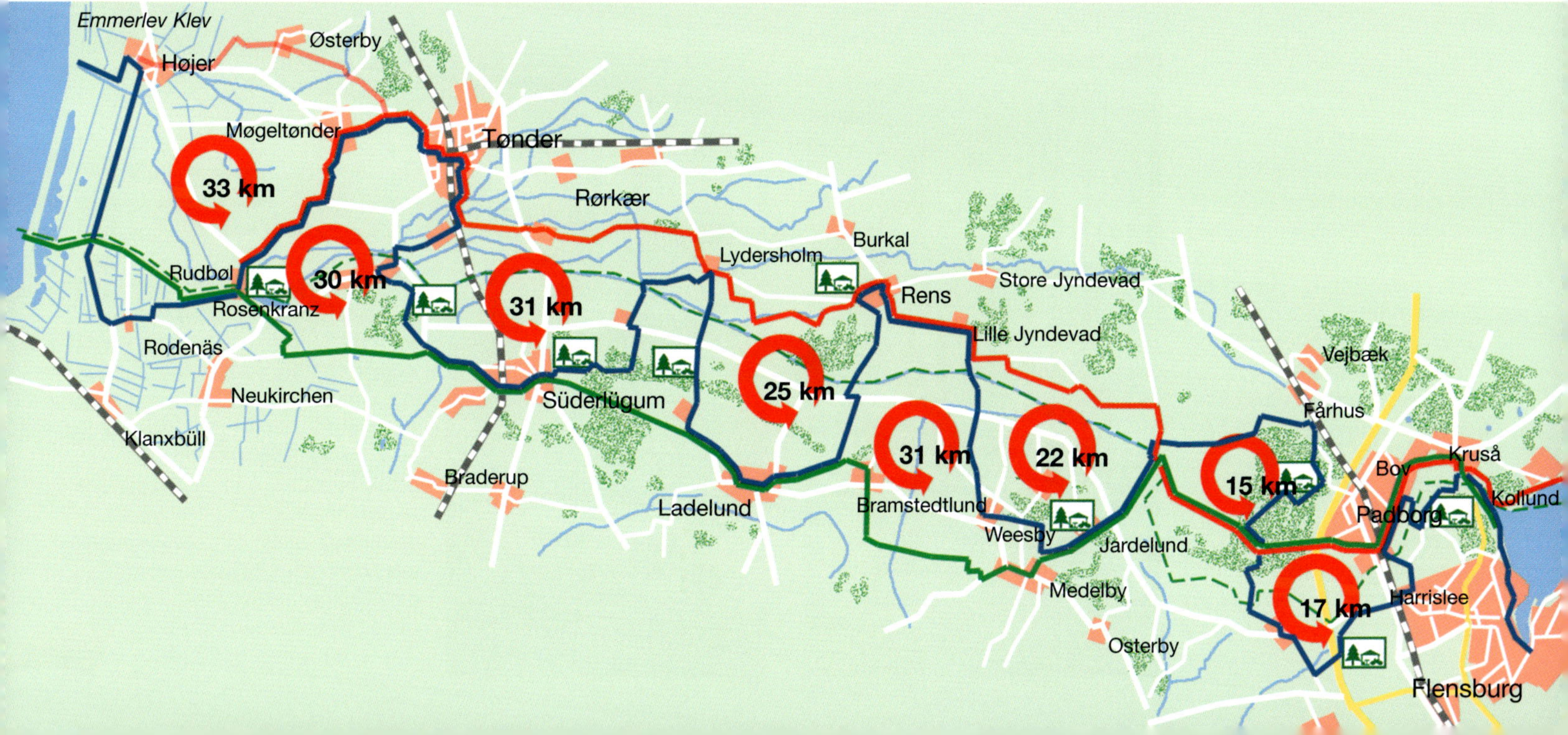

Emmerlev Klev
Østerby
Højer
Møgeltønder
Tønder
33 km
Rørkær
Burkal
Lydersholm
Rudbøl
30 km
Rosenkranz
31 km
Rens
Store Jyndevad
Lille Jyndevad
Rodenäs
Neukirchen
Süderlügum
25 km
Vejbæk
Klanxbüll
Braderup
Ladelund
31 km
Bramstedtlund
22 km
Fårhus
15 km
Kruså
Bov
Padborg
Kollund
Weesby
Jardelund
Medelby
17 km
Harrislee
Osterby
Flensburg

Rundtourvorschläge

Durch die Kombination von Grenzroute, Nord-Ostsee-Radweg und der dänischen Nationalroute 8 bzw. der Lokalroute 88 ergeben sich zahlreiche Möglichkeiten für Rundtouren.

1. Durch die Tøndermarsch (33 km)

Eine Rundtour durch hübsche Orte und die Weite der Marsch.
Von Højer der Grenzroute über Rodenäs bis hinter Møgeltønder folgen. Ab hier die Lokalroute 88 über Gallehus zurück nach Højer wählen.

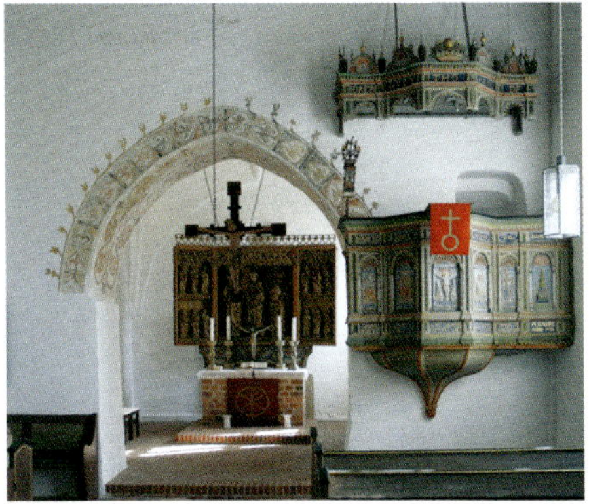

2. Die Nolde-Tour (30 km)

Rundtour durch die Marsch mit Kulturerlebnis und Waldetappe.
Von Tønder in südlicher Richtung auf der Grenzroute nach Aventoft radeln. Am Weg nach Süderlügum auf den Nord-Ostsee-Radweg abzweigen. Sie passieren das Nolde-Museum und folgen ab Rosenkranz der Grenzroute zurück nach Tønder.

Forslag til rundture

Ved at kombinere Grænseruten, Nordsø-Østersø Ruten, lokalrute 88 og den danske Nationalrute 8 bydes på talrige muligheder for at udvide cykelturene efter lyst og behov.

1. Tøndermarsken (33 km)

Rundtur gennem smukke landsbyer og marsklandet. **Fra Højer** følger du Grænseruten til Rodenäs, over Rudbøl til Mogeltønder. Efter Møgeltønder tager du lokalrute 88 over Gallehus tilbage til Højer.

2. Nolde-turen (30 km)

Rundtur gennem marsken med kulturoplevelse og skovetape.
Fra Tønder følges Grænseruten mod Aventoft. På vej mod Süderlügum drejes ad Nordsø-Østersø Ruten. Her kommer du forbi Nolde-Museet. Fra Rosenkranz bringer Grænseruten dig gennem Noldes landskab tilbage til Tønder.

3. Das unbekannte Grenzland (31 km)

Verträumte Dörfer, Binnendünen, zwei Waldgebiete und weite Strecken abseits der Zivilisation. Hier entdeckt man das unbekannte Grenzland.
Von Süderlügum auf der Grenzroute über Aventoft bis hinter Ubjerg radeln. Dort auf die dänische Nationalroute wechseln und dieser in östlicher Richtung folgen. Ab Lydersholm wieder auf der Grenzroute nach Westen bis Süderlügum radeln.

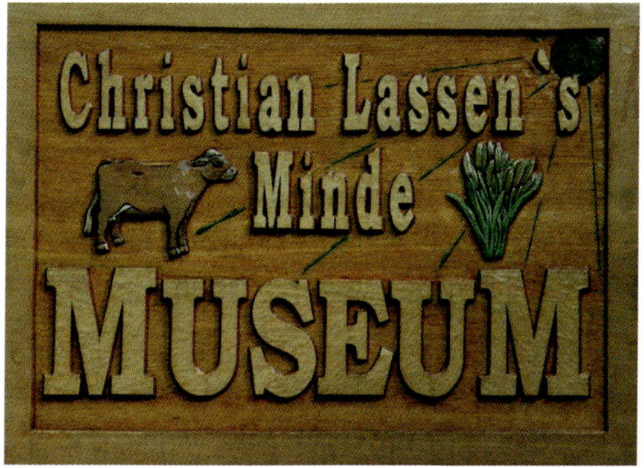

3. Det ukendte grænseland (31 km)

Idylliske små landsbyer, indlandsklitter, skovområder og lange strækninger langt fra civilisationen: Her oplever du det ukendte grænseland.
Fra Süderlügum fører Grænseruten over Aventoft forbi Ubjerg til national cykelrute 8. Her cykler du mod øst, og i Lydersholm drejer du ind på Grænseruten mod vest og kommer tilbage til Süderlügum.

4. Erst Kultur, dann Entspannung pur (25 km)

Ein Besuch in der Gedenkstätte Ladelund, Picknick im Schwarzberger Moor und zum Schluss ein Sprung ins Naturbad – mehr als nur Radfahren.
Von Ladelund nach Westen radeln, dann auf der Grenzroute am Schwarzberger Moor vorbei nach Lydersholm. Von dort der dänischen Nationalroute 8 entlang des idyllischen Ufers der Sønderå in östlicher Richtung folgen. Ab Rens geht's wieder auf der Grenzroute zurück nach Ladelund.

4. Kultur- og afspapningtur (25 km)

Besøg i KZ-mindestedet Ladelund, picknick i Schwarzberg Mose og afkølding i Naturbad Ladelund: Mere end bare en cykeltur.
Fra Ladelund cykler du i retning mod Westre, hvor du tager Grænseruten forbi Schwarzberg Mose til Lydersholm. Her tager du Nationalcykelrute 8, langs den idylliske Sønderå. I Rens drejer du igen på Grænse-ruten og følger den tilbage til Ladelund.

5. Auf die ruhige Tour (31 km

Freier Blick unter weitem Himmel, kleine Dörfer und eine ungewöhnliche Stille: Hier kommt man zur Ruhe.

Von Medelby geht's in nördlicher Richtung erst auf dem Nord-Ostsee-Radweg, dann auf der Grenzroute westlich nach Weesby. Über Bögelhuus und Rens der Grenzroute bis nach Bramstedtlund folgen. Von hier führt der Nord-Ostsee-Radweg zurück nach Medelby.

6. Eine Natur-Tour (22 km)

Ein kleiner Moorspaziergang oder eine idyllische Wassermühle: kurze Abstecher machen die Rundtour zum Erlebnis.

Von Jardelund in westlicher Richtung der Grenzroute folgen. Abstecher ins Böxlunder Eichenkratt und

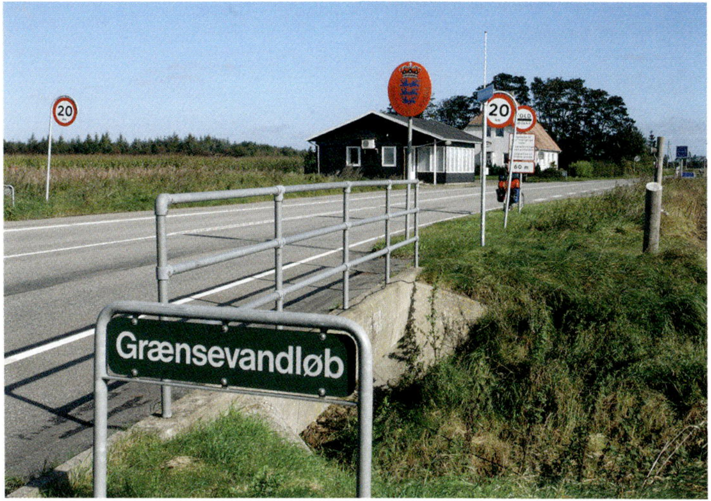

5. Fred og ro-tur (31 km)

Fred udsyn så langt øjet rækker, små landsbyer og en usædvandling stilhed: Her finder du ro.

Fra Medelby går det mod nord først ad Nordsø-Østersø Ruten, og senere ad Grænseruten til Weesby. Følg Grænseruten over Bögelhuus og Rens til Bramstedtlund. Herfra fører Nordsø-Østersø Ruten dig tilbage til Medelby.

6. En tur i naturen (22 km)

Spadseretur gennem mosen eller afstikker til idyllisk vandmølle gør denne rundtur til noget særligt.

Fra Jardelund følger du Grænseruten mod vest. Afstikkere til Böxlunder Eichenkratt

zur Wassermühle sind empfehlenswert! Ab Bögelhuus der Nationalroute 8 in östlicher Richtung bis Sofiedal folgen. Die Grenzroute führt von hier in südlicher Richtung an einem großen Moorgebiet vorbei zurück nach Jardelund.

7. Wald- und Wiesentour (15 km)

Vor oder nach dieser kurzen Radtour bietet sich ein Besuch in den Museen des Frösleelagers an. **Vom Frösleelager** geht es auf der Grenzroute nordwärts aus dem Wald der Frøslev-Plantage heraus. Über Fårhus gelangt man nach Sofiedal, wo man dem Nord-Ostsee-Radweg nach Osten folgt. Auf der Grenzroute radelt man durch den Wald in nördlicher Richtung zurück zum Frösleelager.

8. Eine kleine Mixtour (17 km)

Diese Rundtour bietet Feld- und Waldetappen, beschauliche und geschäftige Orte, Naturerlebnisse und einen Blick auf Padborgs Transportzentrum. **Von Padborg** radelt man auf dem Nord-Ostsee-Radweg nach Westen. Im Wald der Frøslev-Plantage folgt man der Grenzroute Richtung Süden über Ellund und Harrislee wieder nach Padborg zurück.

og til St. Jyndevad Mølle kan anbefales! Fra Bögelhuus følger du national cykelrute 8 mod øst til Sofiedal. Her tager du Grænseruten syd på forbi det store moseområde til Jardelund.

7. Skov- og museumstur (15 km)

Denne tur med fordel indledes eller afsluttes med et besøg i museerne i Frøslevlejren.
Fra Frøslevlejren fører Grænseruten mod nord gennem Frøslev Plantage og via Fårhus til Sofiedal. Her drejer du ind på Nordsø-Ostersø Ruten, som du følger mod øst til skovkanten efter Pluskær. Herfra følger du igen Grænseruten tilbage til Frøslevlejren.

8. Allround-oplevelsetur (17 km)

Denne rundtur byder på mark- og skovetapper, stille samt travle steder, naturoplevelser og et kig bag om Padborg Transportcenter.
Fra Padborg cykler du ad Nordsø-Østersø Ruten mod vest. I Frøslev Plantage fører Grænseruten mod syd over Ellund og Harrislee og tilbage til Padborg.

Touristbüros in Deutschland / Turistbureauer i Tyskland

Gebietsgemeinschaft Grünes Binnenland
Anbieter von Pauschalen auf der Grenzroute
Dorfstr. 8, 24963 Tarp
Tel. +49 46 38/89 84 04, Fax +49 46 38/89 84 05
info@gruenes-binnenland.de, www.gruenes-binnenland.de

Tourismus Agentur Flensburger Förder GmbH
Nikolaistr. 8, 24937 Flensburg
Tel. *49 461/9 09 09 20, Fax +49 461/9 09 09 36
info@flensburger-foerde.de, www.flensburger-foerde.de

Nordfriesland-Tourismus GmbH
Nordseestr. 1, 25899 Dagebüll
Tel. +49 46 67/98 10 36, Fax +49 46 67/455
info@nf-tourismus.de, www.nordfrieslandtourismus.de

Tourist-Info Leck
Hauptstr. 31, 25917 Leck
Tel. +49 46 62/77 50 00, Fax +49 46 62/77 50 01
info@tourismus-leck.de, www.leck.de

Tourist-Info Wiedingharde
Toft 1, 25924 Klanxbüll
Tel. +49 46 68/313, Fax +49 46 68/319
info@nordfrieslanderleben.de, www.nordfrieslanderleben.de

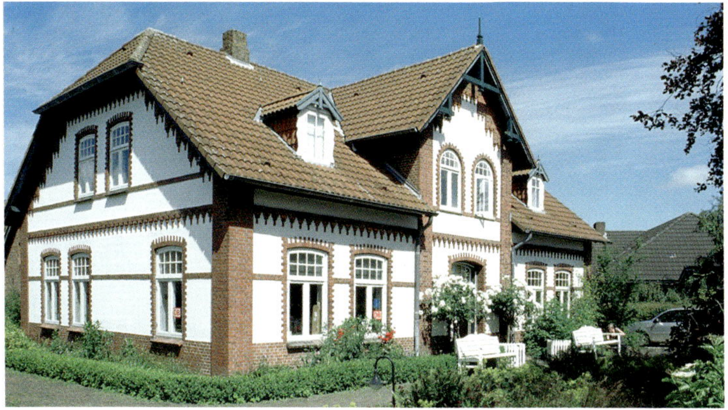

Touristbüros in Dänemark/Turistbureauer i Danmark

Aabenraa Turistbureau
Storegade 30, 6200 Aabenraa
Tel. +45 74623500
info@visitaabenraa.dk, www.visitaabendraa.dk

Tønder Infocenter
Storegade 2–4, 6270 Tønder
Tel. +45 74755130
info@visittonder.dk, www.visittonder.dk

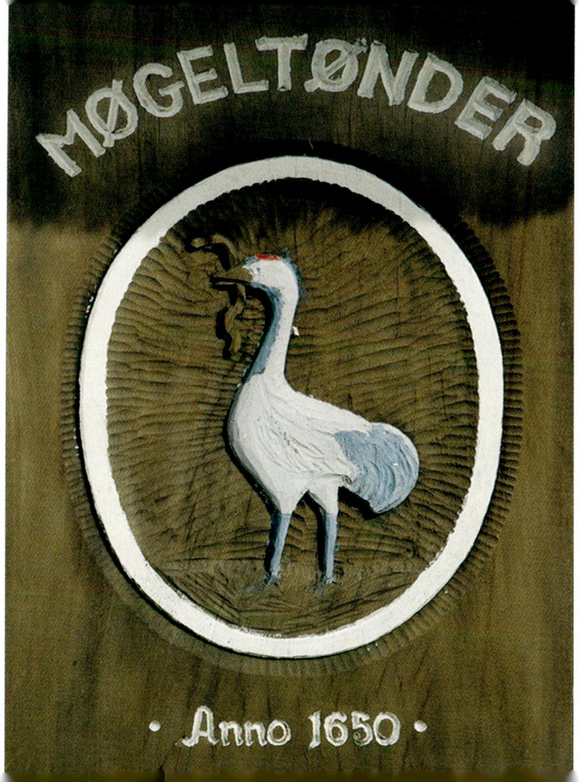

Fahrradservice/-verleih/Cykelservice/-udlejning:

Infozentrum Wiedingharde
Toft 1, 25924 Klanxbüll
Tel. +49 46 68/313

Wollesen Fahrräder
Dorfstr. 19, 25927 Aventoft
Tel. +49 46 64/249

Fahrrad Beck
Wiesharder Str. 2–4, 24983 Handewitt
Tel. +49 46 08/97 39 34

Räderwerft
Pattburger Bogen 21, 24955 Harrislee
Tel. +49 461/5 05 22 55

Fahrrad Petersen
Hafermarkt 7, 24943 Flensburg
Tel. +49 461/14 13 10

Pauschaltouren

Die **Gebietsgemeinschaft Grünes Binnenland** bietet Pauschaltouren mit Schönwetter-Garantie auf Grenzroute und Nord-Ostsee-Radweg an.

Nähere Informationen und weitere Angebote bekommen Sie bei der
Gebietsgemeinschaft Grünes Binnenland
Dorfstr. 8, 24963 Tarp
Tel.: +49 46 38/89 84 04, Fax: +49 46 38/89 84 05
info@gruenes-binnenland.de, http://www.gruenes-binnenland.de

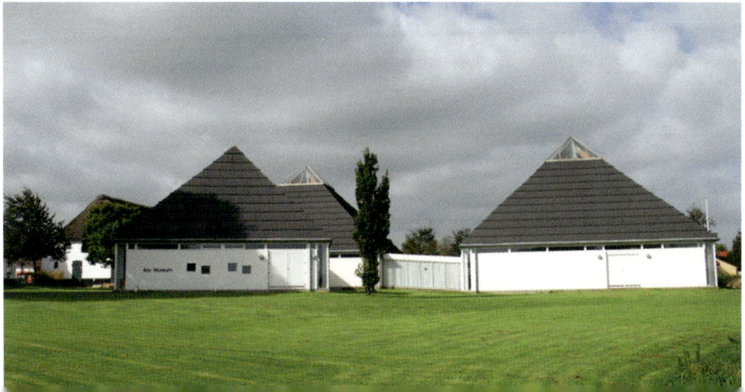

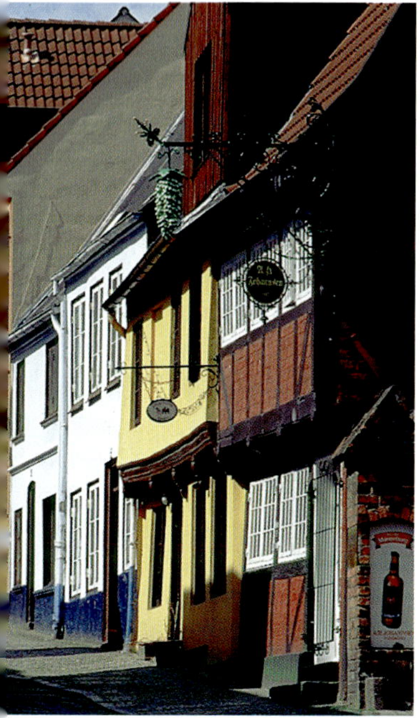

Es werden drei verschiedene Touren angeboten:

Die Genießertour
Es gibt viel zu entdecken auf den Radfernwegen dieser Region.
Die Genießertouren bieten mit entspannten Tagesetappen von 40 bis 50 km genug Zeit dafür.

Die Sporttour
Wer es gerne etwas sportlicher mag, wählt die Sporttour.
Die Tagesetappen von 60 bis 70 km lassen sich gut bewältigen und bieten trotzdem Zeit zum Genießen.

Die Sterntour
Sie wohnen in einem festen Quartier und machen von dort verschiedene Sterntouren. Ganz nach Ihren Wünschen werden Ihnen Tagesetappen unterschiedlicher Länge zusammengestellt.

Die Pauschalangebote werden mit **Schönwettergarantie** angeboten. Wie das funktioniert? Regnet es bis 10.30 Uhr vormittags unentwegt, werden Sie samt Gepäck und Fahrrad zum nächsten gebuchten Quartier gebracht.

Die Genießer-Tour

Entspannende Tagesetappen von 40 bis 50 km

Start und Ziel: Flensburg
Tag 1: Anreise, Tour von Flensburg nach Wallsbüll
Tag 2: Tour von Wallsbüll nach Süderlügum
Tag 3: Tour von Süderlügum nach Højer
Tag 4: Tour von Højer/DK nach Leck
Tag 5: Tour von Leck nach Flensburg, Abreise

Angebotene Leistungen
4 Übernachtungen/4x reichhaltiges Radlerfrühstück/4x Lunchpaket/Radwanderführer Grenzroute/Informationsmaterial

Preis pro Person im Doppelzimmer: 239,00 €

Zusätzlich buchbare Leistungen
Gepäcktransfer bis 8 Personen, Übernachtung am Startort (inkl. Lunchpaket), Übernachtung am Zielort, Leihfahrrad, Schönwettergarantie, Einzelzimmer und Stadtführung auf Anfrage
Auch als einfache Tour mit zwei Übernachtungen

Die Sporttour

Sportliche Tagesetappen von 60 bis 70 km

Start und Ziel: Flensburg
Tag 1: Anreise, Tour von Flensburg nach Leck
Tag 2: Tour von Leck nach Højer
Tag 3: Tour von Højer nach Flensburg, Abreise

Angebotene Leistungen
2 Übernachtungen/2x reichhaltiges Radlerfrühstück/2x Lunchpaket/Radwanderführer Grenzroute/Informationsmaterial
Preis pro Person im Doppelzimmer: ab 139,00 €

Zusätzlich buchbare Leistungen
Gepäcktransfer bis 8 Personen, Übernachtung am Startort (inkl. Lunchpaket), Übernachtung am Zielort, Leihfahrrad pro Tag, Schönwettergarantie, Einzelzimmer und Stadtführung auf Anfrage
Auch als einfache Tour mit einer Übernachtung (Flensburg–Højer/DK) buchbar

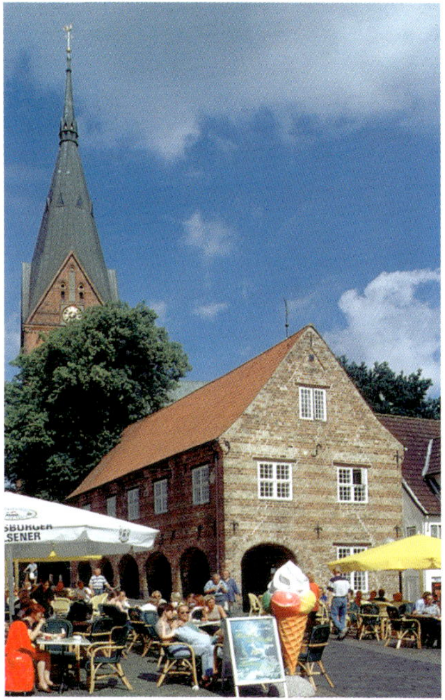

Stern-Tour

Von einem festen Quartier aus radeln Sie auf drei verschiedenen Rundtouren zwischen 22 und 46 km.

Übernachtungen im Gasthof Bussmann, Wallsbüll
Beschreibung:
Tour 1: Rundtour nach Frøslev, ca. 36 km
Tour 2: Rundtour nach Lille Jyndevad, ca. 22 km
Tour 3: Rundtour nach Rens, ca. 31 km

Angebotene Leistungen
5 Übernachtungen/3 Touren auf der Grenzroute/3xLunchpaket/ Karten und Infomaterial / Programm (wahlweise 1 Abendessen, Schifffahrt oder Stadtführung in Flensburg)
Preis pro Person im Doppelzimmer: ab 255,00 €
Einzelzimmer auf Anfrage

Übernachtungen im Hotel Utspann, Schafflund
Beschreibung:
Tour 1: Rundtour „Zum Golfplatz“, ca. 46 km
Tour 2: Rundtour „Die Guts-Tour“, ca. 35 km
Tour 3: Rundtour „Schwarzer Berg“, ca. 24 km

Angebotene Leistungen
5 Übernachtungen/3 Touren auf verschiedenen Radwegen/ 3x Lunchpaket / Karten und Infomaterial / Programm (wahlweise 1 Abendessen, Schifffahrt oder Stadtführung in Flensburg)

Preis pro Person im Doppelzimmer: ab 309,00 €
Einzelzimmer auf Anfrage

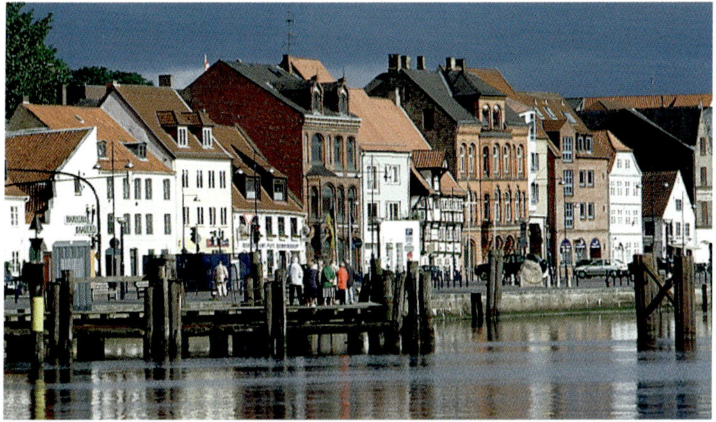